易學佛堂

易經入門初階講義

◎黃四明 著

「八八六十四卦的產生」六十四卦卦意查詢頁數表

八	七	六	五	四	三	二	一	卦序
坤 地	艮 山	坎 水	巽 風	震 雷	離 火	兌 澤	乾 天	上卦／下卦
地天泰 122	山天大畜 120	水天需 118	風天小畜 116	雷天大壯 113	火天大有 110	澤天夬 107	乾爲天 105	天
地澤臨 141	山澤損 139	水澤節 136	風澤中孚 134	雷澤歸妹 132	火澤睽 129	兌爲澤 127	天澤履 124	澤
地火明夷 161	山火賁 158	水火既濟 156	風火家人 153	雷火豐 151	離爲火 149	澤火革 146	天火同人 144	火
地雷復 181	山雷頤 178	水雷屯 176	風雷益 174	震爲雷 171	火雷噬嗑 168	澤雷隨 166	天雷無妄 163	雷
地風升 201	山風蠱 198	水風井 196	巽爲風 193	雷風恆 191	火風鼎 188	澤風大過 186	天風姤 183	風
地水師 221	山水蒙 219	坎爲水 216	風水渙 214	雷水解 211	火水未濟 209	澤水困 206	天水訟 203	水
地山謙 240	艮爲山 238	水山蹇 235	風山漸 233	雷山小過 231	火山旅 228	澤山咸 226	天山遯 224	山
坤爲地 260	山地剝 257	水地比 255	風地觀 252	雷地豫 250	火地晉 247	澤地萃 245	天地否 243	地

再版序言

《易經解卦語法三大系統補述說明》

本書易經初階入門講義自九二年十二月結集出版後，短短二個月內就接獲了四五十位讀者、同修的回函，甚至幾近有二十位的同修、讀者，親自來到新設立的「易學佛堂台中講堂」拜訪筆者，使筆者心中感到非常的欣慰和感動。

一方面是對於筆者在易經研習見解上的肯定，一方面更是對於筆者想要以平民、平實、平易的的角度來弘揚推廣「易經文化」，給予了相當大的鼓勵！因此這二、三個月來，來台中講堂上課的學員也越來越多，甚至更有數位師兄，已經是對易經有很深入瞭解的同修，也非常認同筆者的理念和作法，而發心加入了「易學佛堂」成爲我們的一員，這些都是令人振奮的大喜悅呢！

心裡真是深刻的讚嘆佛菩薩的大感應力和大慈悲力，真實映證了佛菩薩於九二年六月，要筆者開始寫作著書，來弘揚善知識的指示，並且一再告誡筆者要用心、發心地來寫作，將來會有諸多殊勝的事蹟來應證，今日看來真的是一一應驗在前。

在這幾個月來，與許多的讀者、同修分享彼此的心得後，諸位同修除了鼓勵筆者加緊將「易經中階講義」等書籍，儘快地集結寫作出版成書，同時也對這本「易經初階講義」有許多很寶貴的建議，因此筆者在感動欣慰之餘，也趕緊先將這許多寶貴的建議，一一給予修訂更版補述，以免辜負遺誤了眾多讀者、同修的誠心建議和祝福！

【諸位同修、讀者的建議的主要內容修正如下】

對於「易經」的學習階段，筆者雖然已經將他分為

「初階的：八卦和六十四卦的卦意瞭解和運用」、

「中階的：易經周易經傳、爻辭、和十翼傳的進一步研習」、

「高階的：六爻安上六親五行、六獸，用神、日辰、月建五行旺衰的判斷運用」。

但是仍然還是有許多初入門的初學者，無法以很實際的卦例來瞭解這其中的階段差別在哪裡？

因此筆者特別在此先修正增加以下的卦例比較說明：

例如：卜問這個月的財運如何？

卜卦的日期為（國曆）九十三年四月十日。

月建為：戊辰。日辰為：己未。空亡為：子、丑。

以米卦的卜卦方式求出：

成卦為：風天小畜。動爻為：第二爻。

故變卦為：風火家人。

內卦「天」變為「火」，故內情卦為：天火同人。

一、若以「初階的：八卦和六十四卦的卦意瞭解和運用」來批解以上的卦意。

則不需來推究日辰、月建的影響，直接以「卦意」的意思來論斷吉凶，就可以很清楚的來瞭解未來的財運狀況了！以上面的卦例來批解，即可得出為：

卜求財運，

成卦

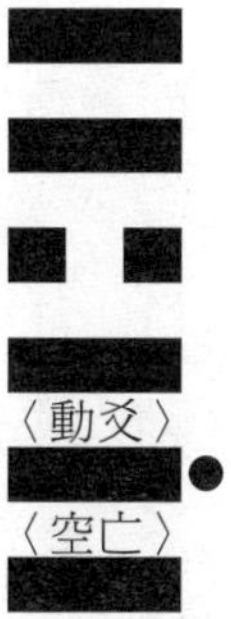

巽宮一世卦
風天小畜

變卦

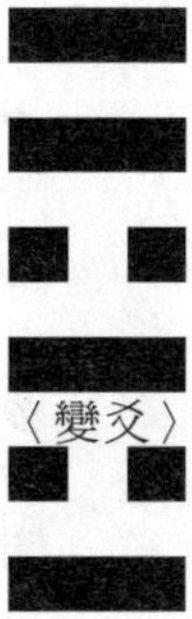

風火家人

卜出成卦卦意為：「小畜」，即表示「小有積蓄、小有所收穫」是個小吉卦。

而變卦卦意為：「家人」，即表示未來還是需要跟自己的家人、親人、兄弟、姊妹等親屬來共同工作較為有利，切勿與外人有較大的合夥投資計畫和行為，否則可能會有破財的凶運發生。

而內情卦卦意為：「同人」，更是進一步的表示，往後在與家人親屬間的互動和合作的關係，會更加的親密跟被支持認同。

【此一初階階段的易經解法概要】

整體結論而言「小畜」變「佳人」卦意是個不錯的財運卦象，一般以筆者的卦意文法定義，以米卦來卜求事情時，六爻中一定會有「一個爻」來變動，因此可以推演出「變卦」和「內情卦」來，此時再以此「成卦」、「變卦」和「內情卦」三個卦象、卦意的吉凶，來綜合判斷所卜求事情的吉凶變化。

所以在易經初階的學習中，筆者所強調的重點是以「卦意」，也就是三個「成卦」、「變卦」、「內情卦」的卦意來綜合判斷批解吉凶的。

二、若以「中階的：易經周易經傳、爻辭、和十翼傳的進一步研習」的解卦方式

就是以周易經傳中的卦意，和「彖曰」、「象曰」等解釋來批解所卜求出的卦象，而對於「動爻」的批解，就會與初階所謂的「變卦」和「內情卦」的卦意解釋而有所不同，而是直接以「動爻」的「爻辭」來給予批解吉凶。

因此筆者這近十年來的教學大都是以第一種的解卦方法來批解卦象，讓學生只要熟記六十四卦卦意，就可以來靈活運用，論解吉凶了，而不需要再去瞭解死記三百八十四爻的「爻辭」、「爻意」了！

例如以上的卦例，以第二種批解方式即爲，

卜求財運，

卜出成卦卦意爲：「小畜」，即表示

成卦  巽宮一世卦

風天小畜

「小畜卦」　乾下巽上　畜小而未見大用

《雜卦傳》：「小畜，寡也。」小畜，以小育大，其力寡也。上巽下乾，以陰畜陽，以小育大，故名爲小畜。

卦辭曰：「小畜，亨，密雲不雨，自我西郊。」小畜卦亨通，然因以陰畜陽，所畜僅積成密雲而未雨，僅自西郊開始，未及於全面。

《象》曰：「風行天上，小畜。君子以懿文德。」雲氣充滿天空，天氣將變。推論君子必須未雨綢繆，預作準備，自求充實，蓄積文化，涵養德行。一旦雨來了，立刻滋長生命，一點也不浪費時間。

【爻辭之變爻判斷】

《初爻》動爻在此爻表示有了希望的吉兆，還不能放心。如果乘機猛進將後悔莫及，現在是培養良運的時期。結婚、開業、轉業等人生大事都很吉利，只是病患的暗示稍強，健康保養不可荒廢。

《二爻》動爻在此爻表示前路有被別人阻塞、阻擋的感覺，而且對方就是你的上司，而令你苦悶不已。爲今最好的對策，就是積極利用部下的力量，來鞏固自己的基礎以供將來的發展。眼前是必需要忍耐的時期。

註：此卦爲二爻有動，所以爻意請以此爻的解釋批解爲主。

《三爻》動爻在此爻表示對自己的遭遇和現狀容易感到不平和不滿，而有強烈反抗的情緒。但是如果你就這樣如此做，只是會更把自己陷入更深一層的苦境裡。弄得辭去工作或是事業從此一蹶不振的命運。家裡面中的爭吵、爭論也常發生。凡事要自重、理性節制爲宜。

《四爻》動爻在此爻顯示即將邁向好運，不過尚未稱得上安定。與人相處的關係尚需表示自己的誠意。同時要小心預防交通車禍。女性來卜求婚姻、感情，動在此爻表示戀愛已開花即將結婚的結果。

《五爻》動爻在此爻表示積極性和活力。凡事一出手便能奏效，是在吉運期的人。物質上和精神上都受惠充實，對自己的行動有充分的信心可以勝過別人。但是容易偏寵那些聽從你的人，請務必要多注意。

《上爻》動爻在此爻表示現在有如走到山的頂峰一樣的運氣。所以因爲被順風揚帆而來事事如意的人，該知道看風轉舵的時機了。運氣正在逐漸下降中，凡事要有應變的處置準備。新的計畫、事業的擴張都要更加審慎、不慌不忙進行才好。

【此一中階階段的易經解法概要】

這就是一般最傳統的周易經傳解卦象、卦意的定義和方法，以往在大專學校中所學的「易經、周易」大都是以此為教學的主流學派，只是要來學習此種解卦方式，除了要詳記熟悉六十四卦的卦意外，還要將「十翼傳」如「繫辭傳」、「雜卦」、「序卦」和「象傳」、「彖傳」等的所代表含意外，還要進一步瞭解每一卦中六爻的每一「爻辭」的「爻意」，才能來靈活的批解所卜出卦象的吉凶變化，所以才會造成易經在學習上比較艱深、困難，也因為如此「易經」才會變為不容易懂的「難經」，搞的許多有心想學習「易經」的學生無法入門來深入瞭解。

三、若以「高階的：六爻安上六親五行、六獸，用神、日辰、月建五行旺衰的判斷運用」的解卦方式來批斷。

筆者是認為這種以「六爻安上六親五行干支」的解卦方式，和以周易經傳中以「成卦六爻中變爻的爻辭」來解卦的方式，完全是不同的兩大解卦系統，這其中並不能夠來互相參雜運用的，所以才會形成市面上許多關於易經書籍的內容錯亂，而造成許多學習易經的人也錯亂混雜在一起，想要進階學習者必須先認識清楚，往後要來批解卦象時，是要以「周易經傳爻辭」爲主，還是「六爻六親五」行爲主，筆者並不建議混在一起用，通常筆者這近十年來是較習慣於以「六爻六親五行」來做進階批解的瞭解，因爲這其中與「四柱八字命理」有非常重要的直接連帶關係。

而且目前此種解卦的系統，似乎也非常迅速的在形成另一股易經文化的主流，只是目前這種學派的主要教材書籍，只有清朝王洪緒所著的「卜筮正宗」和清康熙野鶴老人所著的「野鶴老人占卜全書」，而這兩本書籍內容都非常的艱深難懂，幾乎可以稱爲「天書」了，一般學生想要自行完全領悟是很困難的，而想要在一般民間學習上課，許多老師學費也都收的很高，二、三十萬元也是很正常的現象。

筆者也有看到目前市面上許多易經的卦例實例批解，有許多是以此「六爻的六親五行」來論述的，只是過於著重卦例解說，而基本的基礎說明運用，也都不是解說的很清楚詳細，這對於一般讀者想要從卦例解說中來瞭解整個卦意的吉凶論述，也會是很迷惘、困惑、搞不清楚，不知道這個老師作者到底是在寫些什麼？

例如以上的卦例，以第三種批解方式即爲，

卜求財運，

卜出成卦卦意爲：「小畜」，即表示「小有積蓄、小有所收穫」是個小吉卦。、、、

（基本上可以延續第一種解卦的批解方式，然後再以六爻的六親五行來加以深入批斷之）

一般來說，卦意的吉凶才是我們所卜求事情的重點所在，而六爻的五行旺衰，只是幫助我們更加進一步來瞭解，所卜求事情的氣運旺衰、強弱程度吧了！這在筆者所著的「易經中高階講義」中會有更一步的解說和比較運用。

以上卦例安上六親五行後，此時「日辰」、「月建」和「空亡」就需要一起來判斷運用了！

月建爲：戊辰。日辰爲：己未。空亡爲：子、丑。

成卦：風天小畜（巽宮一世卦）　　變卦：風火家人

〈六獸〉	〈六親〉	成卦		〈五行〉	伏藏	變卦	
勾陳	兄弟	⚊		卯木		⚊	
朱雀	子孫	⚊		巳火		⚊	
青龍	妻財	⚋	應	未土		⚋	
玄武	妻財	⚊		辰土		⚊	
白虎	兄弟	⚊〈動爻〉●		寅木	酉金官鬼	⚋〈變爻〉	妻財丑土
滕蛇	父母	⚊〈空亡〉	世	子水		⚊	

〈註：六親爲父母、官鬼、兄弟、妻財、子孫和世自己，初階讀者請不要過於

急於想要來學習瞭解此一階段的課程，先將初階的卦意學好最重要，請千萬記住學習是要循序漸進的！）

此卦所卜求的是「財運」，因此很明顯的「用神」是取「妻、財」爲「未土」有落在「應爻」上，且受日辰「未土」來相助，月建「辰土」也來相助，可見目前的「財氣」屬於很旺的氣勢，當然財運亨通、財源有入，完全符合「小畜」的卦意。

但是需要注意的是「動爻」是在第二爻，動爻爲兄弟「寅木」，木動會來沖剋未土的「財氣」，就有所謂的「破財」之現象，因此恐怕在未來要非常注意與其他朋友的投資合夥，或是與家人間的借貸關係，而且變爻又是爲「丑土、妻財」，直接被動爻所剋到，因此破財之象可能難以避免，幸好財氣很旺，應該只是一點小損失吧了！

卦爻中，「世」表自己的氣運或情況，六親是爲「父母、子水」被很旺的「應爻、財氣」所剋，表示卜卦之人其實工作賺錢是很「辛苦」的，應該幾乎都是靠勞力在努力賺錢的，尤其「子水」又入「空亡」中，顯示出目前正在「避空」中，沒被旺盛的「財氣」所剋中，但是可能只要一出空亡，就會被「財氣、未土」所剋中，以此卦氣來判斷可能會有身體病痛上的發生，幸好第二爻「兄弟、寅木」有動來稍微制住「妻財、未土」，所以應該是沒有大礙的！

而且「官鬼、酉金」代表著「事業氣運」卻是伏藏不出，表示此人根本眼前就沒有創業投資的氣運，能夠守成應該就很不錯的了，所以變卦才會顯示出「家人」

的卦意來吧！

【此一中高階階段的易經解法概要】

這一階段是可以延續第一種解卦的批解方式，先將所卜求的事情，以基本的三個卦意吉凶來綜合批解判斷，如果需要更進一步來瞭解更精細的變化，是在何「時間」或是來影響吉凶的「何人」或「何事」，此時可再以六爻的六親五行來加以批斷。

但是一般來說，卦意的吉凶才是我們所要卜求事情的重點所在，而六爻的五行旺衰，只是幫助我們來更加進一步來瞭解，所卜求事情的氣運旺衰、強弱程度吧了！絕對不可以只注意到爻相、用神的旺衰程度，而完全忽略了卦意的存在，這是許多學員在此一階段學習中，常會犯上的瓶頸和毛病！

【易經的解卦語法系統】

看完了以上筆者對於易經解卦的階段性說明，讀者是否能夠能稍微瞭解易經語法文化的玄妙和複雜之處了！其實筆者常在上課中對學員說，「易經」只是一種「語言的工具」所以才會衍生出這樣多種不同的「表達」系統來，當然這樣的「語法」運用也就會隨著各個不同的時代背景來有所轉變，這也就是「易經」中的「變易」最佳特色表現，歷代以來對易經的批解方法，有著許多次的新演變，從最基本的「周易經傳、爻辭」，到鬼谷子的「六爻干支五行」，到宋朝邵康節的「梅花易數」，到明朝來之德「縱、錯、互約卦的解卦方式」，和明初劉伯溫所著的「黃金策」、「千金賦」，及至清初將「六爻六親五行」集結完成的「野鶴老人占卜全書」和「卜筮正宗」等相關著作，都是一再地將易經的解卦系統給於不同的變化面貌。

當然這也是造成我們現代後學者，在學習易經時最感到困惑、矛盾的地方，總是搞不清楚，通通都是在講解「易經、卦象」的書籍，為何每一本書中的內容都很難給於連慣起來，甚至內容都還相差很大，筆者有幸在經過了近三十年統籌性的、全面性的研讀易經後，總算將各種不同的解卦系統給予初步的分別清楚，不會再將所有的解卦方法都夾雜混亂在一起，故將此一心得特別分享給所有讀者來瞭解，希望對於諸位往後在易經的學習中，不會再感到困惑和迷惘，不用像筆者要再花二、三十年，才能完全來了解這其中的奧妙分別所在。

最後還是再提醒一個基本又重要的觀念，「易經」的學習一定要按步就班的來，從基本卦意的瞭解，再到卦象中所引伸的「象曰」含意的運用，然後再來決定要來學習周易經傳中「爻辭、爻意」的研究運用，還是卜筮正宗「六爻六親五行」的氣運旺衰研究批解，當然就可以慢慢完全一窺易經的全部風貌了！

四明 不才

於易學佛堂 九十三年四月二十日

【序論】

四個世代的教學經驗，以符合現代社會環境的白話解說，讓你在循序漸進的學習中，簡單、輕鬆地將易經學會活用在你的生活中！

老師常說：易經是國小三年級的中文程度，就可以學會的，可惜的是沒買到好書，和遇到好老師吧了！

◎ 集結緣由

學習易經二十幾年了，總是會有許多心得和感受，雖然常在課堂之中與許多學生彼此分享著，但總是也來得有點零散，不夠完整有系統，有許多前後期的學生，也總是會抱怨著，老師的每期上課內容怎麼常常會不一樣，是不是老師有所保留呢？所以因此也藉由這個機會，將這近十年來的上課教學講義作一個彙整，也順便將自己這二十年來的心得整理一下，讓更多的有心、有興趣學習易經的人，共同來分享！

而且這近十年來，與眾多學生的上課互動中，驚覺一般人對易經的誤解程度，真是令人為這部中國文化精粹的偉大學問，感到挽惜和怨嘆！一部經典學問該是讓人研讀後，能夠學習如何來安生立命的，更加增長自己的智慧，更加圓融能夠解決面對現在當下的困難和疑惑，可是現在卻淪為求卜吉凶、牽扯鬼神的江湖術士迷信之說！這是老師對的易經傳承、弘揚易經，最不願意看到的情形。

◎ 最大的心得感受

在這近十年來的教學心得中，最大的感嘆！就是有許多對易經有興趣學習的人，都被市面上的各種版本的易經書籍，給嚇跑了！總是覺得易經的確很難，許多書寫的再白話仍然還是看不懂，這是因為這些書籍，並沒有將易經的學習層次整理得很清楚，可能只是將古本給於白話翻譯，而忽略了學習者的程度，以致讓許多有興趣者讀了他不適合的書，當然會造成程度上的差異，而無法循序進階的來學習，真正領悟到「易經」的確很「容易」的地方。

因此老師以教學的心得，將易經該學習的內容，作一個很清楚、明白全面性的課程階段介紹，使想要學習易經的人可以瞭解到自己的學習程度，該從哪一個階段學起。講義教材就是以此方式理念來編排，從淺入深、從基本運用到古籍的研讀，從實際的卦例演練到進階升級……老師深信只要學員好好依序漸進來練習，絕對可以將易經學的非常好！絲毫不會有看不懂、不瞭解的挫折感！

◎易經的學習階段

我想很自然的，當我們在學一套新的學問或剛進到新的學校時，老師一定會告訴我們要讀得是什麼課程，進度是什麼、相關課程有什麼、可以參考那些書目、是否有實習或實驗，甚至學會以後可以從事那些工作、學他有什麼用途……在一開始上課前，大概許多學生就會清楚明白地瞭解這種學識、課程，可以讓他學到什麼，對他有何幫助，重要的是該要如何、從何讀起！

可是易經的書籍，以目前市面上或歷代留下來的書，卻從未做如此的說明和規劃，書架上一排排上百版本的書，沒有一本告訴你，是適合你讀得程度，令人無所適從，也令人遺憾！

試想一個剛學九九乘法的學生，卻買了一本微積分的書在看，那將會是一件很可憐，也是很可惜的一件事的！

◎學易四部曲

時常在上課的第一節課時，老師會叫學生將他們所買來自己看的易經書籍，帶過來給我看看，因為有相當多的易經書籍寫得很糟糕，剪貼也就算了，根本就是亂貼一通，一本書中常夾雜著六十四卦的白話解釋和周易經傳、繫辭傳古文文章，更又有黃金策內的八宮世應表和六親、六獸五行生剋的資料，這根本就是在混淆學生的學習階段。

所有學問的學習都是有階段性的，如同數學就要從加減乘除和九九乘法表背起，而不是將加減乘除、函數、微積分……通通塞在一本書裡，那你的數學能學的好才怪呢?所以易經同樣也是有分階段程度的，我將它稱為「學易四部曲」！

第一階段（初階）：a．瞭解易經流傳源由。b．和神明、菩薩的關係。c．八卦象徵代表的意義和運用。d．六十四卦卦意的白話解釋，和卜卦的方法。

第二階段（中階）：a．周易經傳、十翼傳、「繫辭傳」的瞭解，和其白話解釋。b．河圖、洛書和五行干支生剋的進一步研習。

第三階段（中高階）：a．黃金策（卜筮正宗）。和b．「野鶴老人占卜全書」的深入研讀！

第四階段（高階）：a．實際的卜卦演練和應用。b．多參考其他相關應用類的書籍。和相關佛學經典的研習。

目前市面上的許多書，我幾乎都是建議初學的學生還不要去看，免得內容太深難懂或是章節不連貫，大大影響了學習易經的信心和興趣。所以若八卦和六十四卦卦意的基本卦意，都還沒熟記瞭解，就要去看一些卦例運用，或「卜筮正宗」、「黃金策」這類的書籍，只是會給自己的意念更加模糊錯亂！

若是對繫辭傳有興趣者，建議可以多看 南懷謹大師的書。

另外有些卜卦應用實例的書，如直接講解卜求「財運」、「感情」、「健康」…等甚至是「命名」的應用，建議只是參考的看，卻勿者迷太深，仍應是以「卜筮正宗」黃金策和野鶴老人的著作書為主，其實此時學員也應進階到中高階的層次瞭解自己的學習層次了。

市面上有部分的古文版翻印書，建議已是程度很高者，才參考看看，千萬不要著迷書中會藏有啥密笈的！那是不可能的，只是會看壞自己的眼睛罷了！

請看以下的易經學習階段和課程表（本學習階段是本人的學習心得和教學經驗）

「附表」

初階入門	易經的基本語法意義，卦意的演化瞭解，和神明、菩薩的關係，八卦百象所表達的卦意運用，卜卦的方法，六十四卦所表達的卦意，熟悉運用成卦、變卦之間的語法運用。
中階晉級	十翼傳、繫詞傳的研讀，周易原文、白話的研讀，易經相關神話傳述的瞭解，河圖、洛書，卦中六爻爻意、陰陽五行相生剋的瞭解。

中高階晉級	黃金策（卜筮正宗），「野鶴老人占卜全書」的深入研讀禪座的修習。
高階晉級	實際的演練和應用，其他相關應用類的書籍研習，佛學、佛法的修持。

本來易經就是一套學問，就是要有系統、有階段的去學習，哪裡只是一、二本書就可以涵蓋的了，這也是本書要以講義的形式來編排的原因，而不是只有一本書而已，因此請諸位學員務必，按部就班地循序漸進地來研習，卻不可躁進，將可漸漸學會易經，並可體悟出她的精義和道理來，進而幫助自己和別人，解決現世生活中的問題和困難。

◎易經到底是什麼樣的學問呢？

有人說易經很難、很深懊……

有人說易經是不是在算命的……

有人說易經很不簡單，是中國老祖宗的智慧結晶，連電腦程式邏輯都跟它一樣……

有人說易經也是中國的哲學、心裡學，連西方的心理學家榮格，也會用心的研讀過它……

但是有人說，什麼時代了還在信這些牛馬鬼神的無稽之術……

其實任何一套學問的存在，必有他的道理。那為何會有那麼多不同對易經的評價呢？原因就在於世人對易經無法做全盤的瞭解，而許多老師或書中也不願說明清楚，往往就在道聽途說、斷章取義之中，落個瞎子摸象的看法了！那易經究竟是怎樣的學問呢？其實只不過是一套在幫人解決問題、更加瞭解自己的學問罷了！

現實生活中，人本來就是常陷在茫然矛盾之中，常會遇到許多不知該如何的抉擇，甚至對自己的瞭解和真正的需要，更是茫茫不知…而易經，就是一部慢慢來幫我們，很務實的解決問題和矛盾，給我們指引一個正確清明方向的學問。因為易經不同於一般的其他經典，就是在於它的「卜卦」儀式，可以讓我們直接以卦象、卦意，來檢視自己的行為、觀念是否有所偏差，而來進一步導正自己的行為，達到趨吉避凶的目的。

◎那要如何來學習、認識易經呢？

所有的學問和知識，都很自然的會有他的學習階段和程序，學英文，當然先背二十六個字母和音標了；學數學，沒有先學會加、減、乘、除，那行嗎？很可惜！易經的作者們，如周文王、周公、孔子…都太有智慧了，都以非常精湛、悠美的文筆，寫下了對易經的許多著作文章。當然這些文章的內容、語法，對於現代學習白話文的我們，的確是有一點深奧、難懂。就有如你要學物理時，老師卻從相對論來教起，試問學生學的會物理嗎？所以現在坊間的許多書籍和老師，將易經從周易的經傳古文、十翼傳、繫辭傳就給他談起，書名還標個大大「易經初階入門」，其實這種內容會有哪個初學的學生真正看的懂呢？

◎儒派和道派易經之爭

更可憐的！易經從秦漢以後，又分派眾多，還彼此批評相輕各有所長，更不願彼此分享交流融合，尤其是儒派易經和道派易經，更是相互攻擊批評到極點，因歷代皆重儒學，雖也將易經拱上了經學之典，卻也將道派易經的五術之士貶為不入流之學，才會造成現今世人對易經的看法會有如此大的落差、衝突。

只是這樣，就有如理論物理和應用物理，本應是相輔相成，學會理論基礎應再學如何實用操作和實驗，才是能真正完整瞭解這一套學問。

而儒派和道派易經之分，卻使得讀學周易經傳、十翼傳的人，卻是不會來卜卦、解卦，更不知該如何以易經來幫助自己、瞭解自己，讓自己的心靈得以開悟，而提升到更高的一個層次…。而道派學生不重經典研習，就在老師口耳相傳、私密不外傳、父傳子…等不正確的學習方式下，將易經學的不倫不類，盡是鄉野傳奇、鬼神之說。

所以曾有一個學生，中文系高材生，誇言已將易經、周易、繫詞傳背的滾瓜爛熟，來到「易學佛堂」卜個卦，卻是解的沒頭沒尾、七零八落的…。

更有一個學生，更誇言是從唐山老師父手中，買下的二三十萬元泛黃手抄密本，拿來給我看後，我丟了一本在書局３５０元買的「野鶴老人易卜全集」，給他回家對對看，老師想大概這手抄本的絕大部分內容都是從野鶴老人的書中抄出來的吧！

所以老師在課堂上，不斷的叮嚀強調，易經的典籍，自周文王起至現代，歷經了多少聖人賢哲對他的註解和批斷，尤其是四庫全書中收集的更是完整，都是明文章法俱在，絕對沒有什麼密笈、心法的！想學會易經重要的是經驗、心得的傳承，和學易者夠不夠用心吧了！

因此，請先建立起一個學易經的基本心態吧！最重要的就是如何來實用，就是如何來卜卦和解卦，先解決了眼下的矛盾和困難，再漸漸深入去探討他的因緣或業果！有了興趣再去欣賞俎嚼周易經傳、繫辭傳那些古文的文藻之美、文意之悠。

◎那要從何學起易經呢？

儒派易經從周易、繫詞傳等十翼傳學起，道派易經從山、醫、命、相、卜的卦理學起。所以就看你自己的心態和興趣了！

◎何謂道派易經的五術呢？

就是：山、醫、命、相、卜　五部，分管五類大事和五個層次內容

一、卜　易經的卜卦卦理主針對單一事件之善惡、真假、吉凶來預測了解。

二、相　面相和手相等論命相法，另有論宅相：即陰、陽宅，之磁場變化與所居住埋葬之人氣磁場生剋互動的喜忌影響。

三、命　四柱八字（就是為命理之首）、紫微斗數……等。以一個人之本命元神為中心主宰。而來討論分析下列幾項1．性情。2．個性─內在情緒、思考。3．興趣─屬現代心理學中性向分析、潛能開發、4．才能。5．與成長年歲環境的互動關係。6．與人、事、地、物、時的互動關係。7．陰陽五行生剋旺衰之喜、忌神了解。8．四季五行運轉的寒暖影響。9．神煞氣運旺衰的影響。[illegible]．會、合、刑、沖，大運、流年：即屬外在氣數的衝激變化，而來預測吉凶。

四、醫　即中醫藥學的基本藥理。另包含五行氣脈的瞭解，及氣功等養生之學的研究。

五、山　即有如道家的修行悟道，和佛家的涅盤悟道，是相同的層次，也是易經的最高研習層次。

也因有著「儒派經傳義理」和「道派五術術數」的分別，而造成許多學生無法很清楚地認知易經的「定位」，更造成在學習易經的過程中，不知該選擇「義理」還是「五術」，也無法分別這兩著之間的差別，所以為何我會建議一般的學生，不要一入門就去買了屬於「周易經傳」的書來看，因這是比較偏向經典的書籍，對於想要學會問卜吉凶的人而言，是會很失望的！

◎易經的教學心得和感觸

而老師個人的教學經驗和心得，使老師比較喜歡從實務的卜卦卦理去論易，所以在課堂中幾乎是不談周易和繫辭傳的，在講解大概的卦理內容後，就會不斷的以每次卜出的卦象去批解其卦意，讓學生在實際的案例中，體會每一個卦的含意和運用。

其實也就在對每一卦的講解中，已經將周易、繫辭、序卦等傳中對卦意的註解，以很白話的解釋給講解出來了。

老師個人對易經的看法，並不把他看為是一部「經典」，那樣像是一篇高不可攀的大道理般，就好像是「論語」，內容雖都是人生大道裡，但又有幾句能落實在實際的生活中呢？

易經應該是比較像是生活中的心理學、哲學或禪學吧！

尤其是周易、繫辭傳的古文文意，距今都已二、三千年了，所有的時空環境背景完全和現在都不同了，如何能再以那時的語意來解釋現今的狀況呢？

只是易經有「不易」、「變易」、和「簡易」的變化道理，也很清楚地告訴我們，每個卦的真理是不變，但是應該要在不同的生活環境中去活用，絕不可拘泥執著於儒派或道派，算命的、還是高高在上的經典。

更要用最簡單的卦意意思反應去看他，不然又為何稱為「簡易」呢？就是簡單易懂嘛！

所以常掛在嘴邊的，易經六十四卦的卦意，只要國小三年級的中文程度就能懂得了！有那麼難學嗎？或許真的是每個人心態還沒調整好，對易經還沒建立起正確的觀念，也或許是沒有適當的教材，一步步、一階階的來引導有心的學生來學習，才會造成現今許多人認為易經是很難的一部經典吧！

◎易經與心理學的教課心得

老師很喜歡用心理學和現在的白話用語去教易經，心理學談的是人的情緒和行為是否為理性或非理性，而易經也是依著當下卜卦人的情緒狀況，來批論該件事情會發生的後果，當然就會有吉凶好壞的產生，所以心理學是講到「因」，而易經就是將那個「果」，給事先清楚的先顯現出來看吧！

而只不過易經有著它專用的語法和卜卦的儀式，只要明瞭它的語法和儀式，自然就很容易學會的了！所謂「江湖一點訣，說破不值三分錢！」所以在老師的教課中從沒有學生聽不懂的！就是要讓學生、民眾不要再受到不肖術士的瞞騙，導正對易經的誤解。

事實上，從老師個人自十四、五歲買來看的第一本易經的書，至今也買來看了不止四、五十本書了，真的能做完整全面講解的書也幾乎沒有，所以一般學生若是只想從一、兩本書中，想要學會易經也是非常困難的！

結集這一套教學講義，希望能讓有心想要瞭解易學的人，能在書中完整知道易經的大概面貌，也建立起一個較正確的觀念，讓我們這部老祖宗的智慧能更加的深入民間，而源遠流長的傳遞下去，也是老師學易經，並不斷來教授易經的最大心願。

四明 不才

於九二、十二、十五易學佛堂

◎易學佛堂

目錄

易經入門初階講義

第一講　易經的基本精神和意義

【初階入門導讀】

對於一個易經的初學者而言，一些基本學習的觀念建立是非常重要的：

◎學習易經絕對不能死記，是要會活用，尤其是基本觀念的建立要正確。最好是領悟出自己的心得來，此時「無書勝有書」，把所有的書本條文忘光光，才是最高的境界。

◎此一教材講義，老師完全不引用任何的古言古語，盡量以現代化的白話口語來解釋，畢竟學的懂最重要，我們並不是要來做「古文欣賞」的，若是對易經經傳古文有興趣者，可以繼續來研讀「易經中階講義」，欣賞以前聖賢所寫下的那些悠美的易經文章。

◎將此講義最好是當成「工具書」來使用，也就是說，不要死記書中的卦意解釋內容，能夠了解卦的解法才是最重要。之後就要多練習，幫自己或家人、朋友常來卜卦，然後翻閱查詢所卜出的詳細卦意，再來批解吉凶善惡，絕對不要怕說錯！有任何疑問都可以直接和老師來聯絡，將易經弘揚，把學生教會，是老師的心願，因此絕不要覺得有任何的不好意思！

【易經的基本精神】就是一種與先佛菩薩神明請示溝通的語言文字

「易經」是一種很有趣的學問，三、四千年來，沒有一個人能把這種「學問」，給它一個很清楚明白地說清楚，給它一個明確的定位。

一般人說是「算命」？儒學家稱是「經典義理」？道家法師說能趨邪鎮妖？科學家認為是「迷信」？政治家則說是「宗教」…？究竟是能未卜先知？能安身立命？能治國理政…？還是能算明牌呢？

以上對易經的看法都對，但都完全不正確。最最正確的說法應是：易經是一種用來溝通的「語言文字」，和誰溝通呢？當然是和無形的菩薩、仙佛、神靈了！

其實易經的最早起源，就是殷商時候的「甲古文」，「甲古文」是用來做什麼呢？是用來「卜筮」的！那麼卜筮當然就是來祈請天上的無形神靈，給於凡世間的人，一種指示、一種回答，而卦象代表著就是神靈所寫下的文字符號。

在許許多多的人與神靈的溝通方式中，有直接附身起乩的，有扶鑾寫沙盤的，有卜筮抽籤的，有直接通靈的，這些種種的方法，都沒有清楚明白的文字或事實，來表達神的旨意。只有易經的卦象，是藉由不同的陰陽變化圖案或數字卜求，來排列出一組組的卦象、符號，再以此卦象卦意的意思來答覆我們對菩薩、仙佛、神靈的祈問。

因此易經早在夏、商、周、黃帝時期就已經存在了！才有所謂的「連山易」、「歸藏易」種種不同的版本名稱和用法，只是易經在商末周初時，有一位大智慧賢者「周文王」重新將易經內的卦象、卦意，全部給予新的定義，並將八種基本的卦象取名為：乾、兌、離、震、巽、坎、艮、坤，而後再衍生出新的六十四種卦象卦意，然後也一一給予命名定義。然後，周公又為六十四卦的每一爻，加上爻詞的解釋，從此給了易經有了非常完整的內容和規則，所以後人也因此將易經稱為「周易」，後來又再經孔子的註解發揚，一直流傳至今，都是沿用「周易」的版本和用法。而使得「周易」也成為易經的代表名稱。（所以後人稱：文王作卦象、周公寫爻辭、孔子著繫傳）

所以學習易經最重要的觀念，就是要對先佛、菩薩、神靈的認同和接受。因為，我們只是要透過易經的占卜方法，來向先佛請示我們心中的疑惑，或是對未來吉凶的指示。此時最重要的是，先佛、菩薩是否有聽到我們的召請，而慈悲來回覆我們的祈求，這是非常重要的觀念！

常聽到有人批評卜卦是迷信或不準。其實最基本的關鍵就在於卜求的人，對仙佛的心誠不誠敬，若心不誠敬而存著玩笑之意，試想有哪一個仙佛、菩薩會來理睬呢？此時就會卜出莫名的卦意來，甚至還會出現說卜求人是不敬、無禮的卦意來。

而且易經在文王等歷代先賢的註解下，他的內容非常的充實明白，透過六十四卦卦意、爻詞，其間又有成卦、變卦和爻意等的互動解釋，使得我們所求問的事情的解答，來的非常的清楚明白，不至於像抽籤、丟筊只有幾種固定的意思，或像通靈那般的令人含糊不清，所以老師常對學生說：易經卜卦絕對沒有不準的！只是學生所學的層次深淺，對於所卜出來的卦象，解釋的多和少吧！。

【卜求的心態】

有人會戲虐地說：哦！黃老師會卜卦呢？那趕快給我算個「明牌吧！」，算算看明天會不會下雨？什麼時候可以娶小老婆、簽幾號牌啊？

試想，若有人很輕佻地這樣來問你，可能連理都沒人要理他了，那更何況是菩薩、仙佛呢！所以來卜求卦，就像是要去向一個有智慧的老師、長者、醫生請教問題一般，首先要整理穿著乾淨，然後心中懷著尊敬的誠意，再著明確地說明所問的事情，來請教對方。那當然所求出的卦象，絕對會很明確地來回答指示你所求問的事情。決不可挑倖地以為，菩薩這麼神通，就猜猜看我心中想問的是什麼事情！那也是很不敬的！

又有人以為，卦不可一卜再卜。這也是不完全正確的，如同給醫生看病般，醫生已經診斷說你已有病了，難道你還會一直地再追問，說我到底有病嗎？有病嗎？真的有病嗎……？當然這也是不對的！所以說重覆來卜求，同樣的一個「問題」的卦，是不可以來卜求的！

但是我想，很正常自然的，你一定會接著問醫生：那是什麼病？嚴不嚴重？該如何醫治？要治多久？會好嗎？

所以，卜卦也應該是這樣的請示態度，如卜求事業，卦出好卦，當然一帆風順。若卜出壞卦，當然要再卜求為何會如此？是否有障礙？還是時機未到？或是合夥、投資不當……？也是可以一再地卜求下去，向菩薩求問不同的問題，和解決的方案。

【是算命大師？還是迷信呢？】

有了對易經的基本認識後，運用這種溝通的方法，來向仙佛、菩薩很虔誠的請示心中的疑惑時，而仙佛、菩薩也很慈悲地來指示我們，如果此時我們也很誠心地依指示來去做，當然就會如菩薩的指示般達成我們的心願，解除疑思和困難！難道這會是迷信嗎？

就有如，我們也會常向有經驗的老師或長者或醫生，請教，書該如何讀？事業該如何做？病該如何醫治……？若是依他們的指示好好的來作，當然結果書讀好了、事業成功了、病醫好了，難道這樣也要說他們是算命大師嗎！還是對這些人的迷信呢？這只不過是一個很簡單的因果關係吧！

重點是在於菩薩、仙佛當然是比人更有智慧的覺者，因此誠心地接受祂們的教導和指示，是不需有懷疑的了！

第二講　易經的學習階段和課程層級的安排

各位學員，現在就歡迎各位開始我們的易經學習之旅，來一窺老祖宗的智慧到底是多偉大、多神奇吧！和該如何來和先佛、菩薩、神明對談了吧！

【易經的學習階段】

我想很自然的，當我們在學一套新的學問或剛進到新的學校時，老師一定會告訴我們要讀的是什麼課程，進度是什麼、相關課程有什麼、可以參考那些書目、是否有實習或實驗，甚至學會以後可以從事那些工作、學他有什麼用途…！在一開始上課前，大概許多學生就會清楚明白地瞭解這種學識、課程，可以讓他學到什麼，對他有何幫助，重要的是該要如何、從何讀起！

可是易經的書籍，以目前市面上或歷代留下來的書，卻從未做如此的說明和規劃，書架上一排排上百版本的書，沒有一本告訴你，是否適合你讀的程度，真是令人無所適從，也令人遺憾！

試想一個剛學九九乘法的學生，卻買了一本微積分的書在看，那真的會是一件很可憐的事呢！

【學易四部曲】

時常在上課第一節課時，老師常會叫學生將他們所買來的易經書籍，帶過來給我看看，因為有相當多的易經書籍寫得很糟糕，剪貼也就算了，根本就是亂貼一通，一本書中常夾雜著六十四卦的白話解釋和周易經傳、繫辭傳的古文文章，更又有黃金策內的八宮世應表和六親、六獸等的資料或是一些天干、地支、五行相生剋的資料，這根本就是在混淆剛入門學習學生的學習階段。

所有學問的學習都是有階段性的，如同數學就要從加減乘除和九九乘法表背起，而不是將加減乘除、函數、微積分…通通塞在一本書裡，那你數學能學的好才怪呢？所以易經同樣是有分階段程度的，我將它稱為「學易四部曲」：

第一階段（初階）：a．瞭解易經源由。b．和先佛、菩薩的關係。c．八卦象徵代表的運算和運用，d．六十四卦卦意的白話解釋。

第二階段（中階）：a．「繫辭傳」的瞭解，和其白話解釋。b．河圖、洛書和五行干支的進一步瞭解。

第三階段（中高階）：a．黃金策（卜筮正宗）。和b．「野鶴老人占卜全書」的深入研讀！

第四階段（高階）：a．實際的演練和應用。b．多參考其他相關應用類的書籍，佛學、佛法的修持。

目前市面上的許多書，我幾乎都是建議初學的學生還不要去看，免得內容太深難懂或是章節不連貫，大大影響了學習易經的信心和興趣。所以若六十四卦卦意還沒熟記瞭解，就要去看「卜筮正宗」、「黃金策」，只是會給自己的意念更加模糊、錯亂！

若是對繫辭傳有興趣者，建議可以多看　南懷謹大師的書。

另外有些卜卦應用實例的書，如直接講解卜求「財運」、「感情」、「健康」…等甚至是「命名、改名」的應用，建議只是參考的看，卻勿者迷太深，仍應是以「卜筮正宗」黃金策和野鶴老人的著作書為主，其實此時學員也應進階到中高階的層次了。

市面上有部分的古文版翻印書，建議已是程度很高者，才參考看看，千萬不要著迷書中會藏有啥密笈的！那是不可能的，只是會看壞自己的眼睛罷了！

請看以下的易經學習階段和課程表（本學習階段是本人的學習心得和教學經驗所規劃出來的）

「附表」

初階入門	易經的基本語法意義，卦意的演化瞭解，八卦百象所表達的卦意運用，卜卦的方法，六十四卦所表達的卦意，熟悉運用成卦、變卦之間的語法運用。
中階晉級	周易經傳、十翼傳、繫辭傳的研讀，周易原文、白話的研讀，易經相關神話傳述的瞭解，河圖、洛書，卦中六爻爻意、陰陽五行相生剋的瞭解。

中高階晉級	黃金策（卜筮正宗），「野鶴老人占卜全書」的深入研讀禪座的修習。
高階晉級	實際的演練和應用，其他相關應用類的書籍研習，佛學、佛法的修持。
一般參考書籍	以易經的概念，加上作者的生活經驗心得，來寫作。如生活易經、數位易經、易經開解人生等書。或是專以感情、事業、財運來卜求講解的書籍。如金錢卦求財運、卜卦瞭解愛情、、等書。

本來易經就是一套學問，就是要有系統、有階段的去學習，哪裡是一、二本書就可以涵蓋的了，這也是本書要以講義的形式來編排的原因，而不是只有一本書而已，因此請諸位學員務必，按部就班地循序漸進來研習，卻不可躁進，將可漸漸學會易經，並可體悟出她的精義和道理來，進而幫助自己和別人，解決現世生活中的問題和困難。

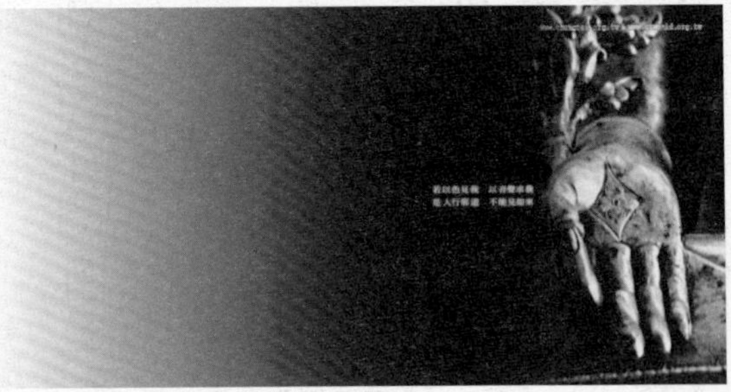

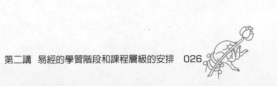

第三講　易經的基本架構和語法

【有趣的另類對話】

遊戲方法：

假設老師與學生是用不同語言的外國人，所以必須透過一種數字或符號來溝通對談，不同的數字組合代表不同的意義，彼此只能用「數字」來回答對方所發問的問題。

「數字意義表如下」

數字符號代表的各種意思	
1	剛健、晴天、主管、父親、固執
2	喜悅、陰雨、歌星、小女孩、任性
3	智慧、大熱天、會計、二女兒、聰明
4	衝動、打雷天、運動員、大哥、有力
5	順從、颳風天、店員、大姊、不定
6	陷溺、下雨天、業務員、二哥、機智、刁鑽
7	停止、陰冷天、總務、小男生、沈穩、呆滯
8	母愛、昏暗天、保母、母親、保守、柔順

【對答範例】

以下問題由老師發問，學生只能用數字來回答。或由學生問，老師答。

1．今天天氣好嗎？　　　　　　　　　回答：數（可複選）1、3
2．你新交的朋友好嗎？　　　　　　　回答：數字（可複選）4、6、1
3．下個月我想出國可以嗎？　　　　　回答：數字（可複選）7、7
4．你覺得我適合作什麼工作呢？　　　回答：數字（可複選）8、6
5．我能不能考上理想的學校呢？　　　回答：數字（可複選）3、5、1

請試試看，能否從以上回答的數字中，來瞭解答案是什麼呢？

1．今天天氣好嗎？（回答：1、3）答案是：晴天、大熱天。

2．你新交的朋友好嗎？（回答：4、6、1）答案是：個性衝動、機智刁鑽、剛健固執。

3．（以下答案自己試試看！）

這時，我們發現透過數字代碼，原來也是可以溝通的，而來瞭解對方意思的！其實所有的語言、文字不過都是由一些符號、代號來組成的嗎？像老師當兵時就曾學過無線通信兵的「摩斯密碼」其實也是完全一樣的道理。

雖然有人會疑問，為何一個數字代碼內，會有那麼多的意思，難道不會搞錯嗎？這可說是中重點了！易經裏的每個卦象，也是有著完全一樣的情形，每個卦象裡都會代表著多個不同的卦意，所以，老師才會將他稱為「八卦百象圖」，因此學會事先如何將所要卜問的事情作分類，才能來對照在卦象下所代表這個類別下的卦意，如此才能進一步來判斷吉凶的！

【易經八卦的基本架構和語法】

既然易經是個溝通的語言文字，當然基本的「符號」就要產生，於是周文王取用了全世界上最簡單、最有智慧的兩個符號「⚊表：陽。⚋表：陰」（是為太極生兩儀），其實老師認為這是周文王智慧的所在，所以八卦的卦象（符號），請千萬不要把它想的好神秘、好複雜，不過就如A、B、C……、X、Y、Z般，只是個字母而已。

而且這個符號的設計非常地簡單、非常地易懂，它直接取於大地萬物陰陽之中，將陽以「⚊」表示；將陰以「⚋」表示。是由太極分陰陽為兩儀，再分四象，而後成為八卦……。

就科學來看根本就只是「符號的排列組合」吧！如例圖：

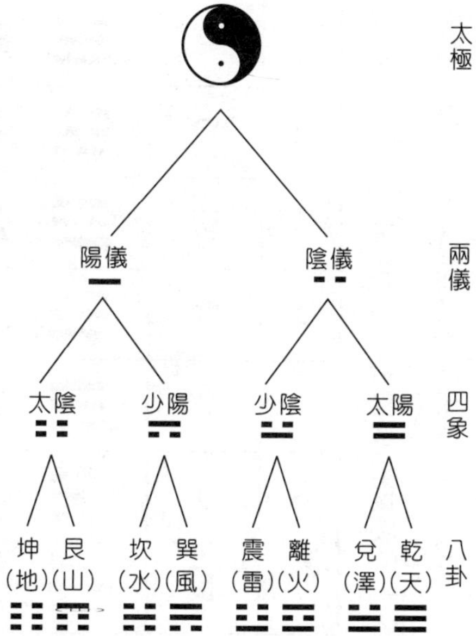

單純的陰陽兩種符號中排列演變，自然就成了八種符號組合，每一符號中有三爻

卦序	卦名	卦的符號和象名	
1	乾	☰	天
2	兌	☱	澤
3	離	☲	火
4	震	☳	雷
5	巽	☴	風
6	坎	☵	水
7	艮	☶	山
8	坤	☷	地

有了符號和名稱了，當然就要進一步給它賦予代表的「各種」意思了，就如同上表般的定義，因此八卦的代表意義就因此來產生了：

而我們最直接接觸的就是自然界中的景象，看得到，也感受得到，因此第一個意義就是代表天象：天、澤、火、雷、風、水、山、地。

第二個意義就來代表親人：父親、少女、中女、長男、長女、中男、少男、母親……。

於是以八卦來代表象徵種種我們人世間的各種事情、物品、現象、道理，就這樣來產生了。

請參考「八卦百象圖」及八卦的各種意義。

【註】卦序（八卦的排列順序），是每個卦固定的順序、編號。以米卦、數字卦，來求卦者，皆是以卦序來取卦的，請熟記！

【一般古籍中對八卦的解釋】

在許多先賢的著作中，常引經據典地描述著何為太極？何為陰陽？等等，常常弄得學生們有點暈頭轉向的，為了表示尊重古人，也稍微節錄以下幾段文章：

◎太極、陰陽

中國的先賢聖哲，在制劃太極時，即能夠體會瞭解天地萬物均可分為陰陽離子，而且是互相環繞互動地在運作，因此將太極劃成一付「陰陽」不息的活動型態，陰中有陽，而陽中也有陰。使得陰陽兩氣得運轉交替，而生宇宙萬象，萬象中又含有「生而滅、滅而生」的本質。

◎八卦的由來、產生

『八卦五行六爻定律表』

無極而為太極，太極動而生陽：動極而靜，靜而生陰：靜極復動，一動靜互為其根，故分陰分陽，兩儀而立焉，兩儀化四象，四象生八卦，陰變陽，陽變陰，四時化合而生五氣，木火土金水順佈萬物成。

【先天八卦圖】

若是依據神話傳說，最早是在神農氏、伏羲氏時，依天地萬物而畫制八卦圖像，所以天在上、地在下，此圖像即稱為「先天八卦圖」。

《先天八卦圖》

一般我們可以常在各書集、玉佩、金片…上所看到的圖像即是此先天八卦圖。有興趣的學生，建議可在周易或繫辭傳中，看到對八卦生成更詳細的說明，只是在初階中，我認為不需去瞭解太多。

《八卦百象表圖》

卦象	☰	☱	☲	☳	☴	☵	☶	☷
卦名	乾	兌	離	震	巽	坎	艮	坤
象名	天	澤	火	雷	風	水	山	地
卦序	1	2	3	4	5	6	7	8
先天卦數	9	4	3	8	2	7	6	1
洛書數								
後天卦數	6	7	9	3	4	1	8	2
五行	金	金	火	木	木	水	土	土
方位	西北	西	南	東	東南	北	東北	西南
季節	秋末	秋	夏	春	春末	冬	冬末	夏末
人物	父	少女	中女	長男	長女	中男	少男	母
陰陽	陽	陰	陰	陽	陰	陽	陽	陰
屬性	健衰	悅憎	麗毀	動壞	和狂	陷養	止萌	順逆
身體	頭	口	眼	四肢	股	耳	鼻	皮膚
內臟	腦	肺	心	肝中樞神	腸	腎生殖係	脾膽	胃部
八門方位	天門	驚門	景門	傷門	杜門	休門	生門	鬼門
紫白九星	六白	七赤	九紫	三碧	四綠	一白	八白	二黑
天運九星	武曲	破軍	右弼	蚩尤	文昌	文曲	財帛	病符
宅局九星	武曲	破軍	廉貞	貪狼	輔弼	文曲	巨門	祿存
四吉凶位	延年	絕命	五鬼	生氣	伏位	六煞	天醫	禍害
八卦合24山	戌乾亥	庚酉辛	丙丁午	甲卯乙	巳巽辰	壬子癸	寅艮丑	申坤未

註：紫白九星、天運九星、宅局九星、四吉凶位配上方位及卦象，並非固定不變，而會隨著屋宅方位的不同而改變，以上表列僅為其中之一方位參考。

八卦：八個運用的符號。

百：百種不同的事物、道理。

象：象徵、代表。

八卦百象，幾乎含括了，自然天象、人物、五行、顏色、方位、風水、義理。究其源由，只是神明、菩薩和我們人所溝通使用的一種語法吧了！只要瞭解了，其實是非常簡單、明瞭、易懂的！

因此當在卜問事情時，將你所要求問的事項做個詳細的分類就非常的重要了！

例如：

卜問天氣時，乾就需解釋成「晴天」而不能以「父親」來解釋的！

卜問身體時，乾就需解釋成「頭部」而不能以「晴天」來解釋的！

卜問發展吉方時，乾就需解釋成「西北方」而不能以「頭部」來解釋的！

卜問風水時，乾就需解釋成「天門」而不能以「西北方」來解釋的！

【八八　六十四卦的產生】

以八卦（八個符號）來代表解釋事物，似乎又太少，無法詳盡來細究事情的發展狀況，所以八八六十四的卦象因此而來產生，所以再以六十四卦（六十四個符號）來更進一步表達六十四種意思。

當然這六十四卦也如同八卦般，也是可象徵代表各種不同所卜問的事項，因此絕不可認定某一卦的意思是固定不變的，卦意是會隨著所卜求的事情，而有著不同的解釋的。因此現在是否有點瞭解什麼是易經所稱的【變易】了吧！

「八八六十四卦的產生」

卦序 上卦＼下卦	天	澤	火	雷	風	水	山	地
一 乾 ☰ 天	乾爲天	天澤履	天火同人	天雷無妄	天風姤	天水訟	天山遯	天地否
二 兌 ☱ 澤	澤天夬	兌爲澤	澤火革	澤雷隨	澤風大過	澤水困	澤山咸	澤地萃
三 離 ☲ 火	火天大有	火澤睽	離爲火	火雷噬嗑	火風鼎	火水未濟	火山旅	火地晉
四 震 ☳ 雷	雷天大壯	雷澤歸妹	雷火豐	震爲雷	雷風恆	雷水解	雷山小過	雷地豫
五 巽 ☴ 風	風天小畜	風澤中孚	風火家人	風雷益	巽爲風	風水渙	風山漸	風地觀
六 坎 ☵ 水	水天需	水澤節	水火既濟	水雷屯	水風井	坎爲水	水山蹇	水地比
七 艮 ☶ 山	山天大畜	山澤損	山火賁	山雷頤	山風蠱	山水蒙	艮爲山	山地剝
八 坤 ☷ 地	地天泰	地澤臨	地火明夷	地雷復	地風升	地水師	地山謙	坤爲地

六十四卦即從八卦兩兩相疊，取其象名而成一新的卦名，和其所含的卦意。

如乾卦在上，兌卦在下，即稱為「天澤履」卦，簡稱為「履卦」。

八卦再配上八卦，六十四卦不就如此來產生了，此時每一卦象中有「六爻」，

而六十四卦，當然如同八卦般，有它固定的名稱和代表的意義，所以就有六十四個

卦象和卦名以及卦意了！

【易經有不易、變易、簡易的三種義理】

「不易」表：每個卦，皆有他最基本不變的意義或真理，不會隨著時間、人物的不同而改變。

「變易」表：可是當人、事、地、物、時，種種因素摻雜改變影響時，卦意也就會產生各種不同的變化，吉可能變凶，凶中也可能化吉。

「簡易」表：在生活中去落實每個卦的卦意，沒有太深奧的道理或解釋，卦意好就為吉，卦意差就是凶，又何必去反覆思索，鑽心思揣摩呢？

易經既然有「不易、變易、簡易」的三種義理，那就是表示會有三種不同層次的解卦運用方式，我們初階學習就從「簡易的卦意」來入門學起吧！

簡簡單單的看一遍八卦和六十四卦，請問有哪一個卦的卦名，是你看不懂的呢？哦！卦意的意思嗎？很簡單，什麼字意就是什麼意思了，沒啥好懷疑的！所以老師常會說，只要國小三年級的中文程度，就可以來學易經了！

易經「簡易」卦意吉凶表

頁數	64卦卦名	簡易卦意	一般含意	吉、凶、狀況
105	乾為天	表為父、主管，個性剛健、旺盛、固執	個性必屬剛強且倔強愛面子	事業吉，健康凶
107	澤天夬	表決定或缺失	有男女感情之患，需做一抉擇	狀況卦
110	火天大有	表有很多的收穫	春耕夏耘秋收冬藏，堅持之後的願望期待實現	事業吉，健康凶
113	雷天大壯	表天上打雷、聲勢浩大	此卦一般以凶象來論。因為對人、對事最忌衝動，有處像不實的意思。	凶象
116	風天小畜	表小有積蓄	事事不可貪大，投資理財均需保守為佳	小吉象
118	水天需	表需要、需求	但卻又是時機未到而著急著。需耐心等待，則事情可成。	凶中帶吉
120	山天大畜	表會有很多的積蓄	吉相之卦。可以考慮較大的投資案	事業吉，健康小凶
122	地天泰	表三陽開泰，萬事亨通	天地陰陽兩氣相交而萬物通亨榮泰之象。	大吉象
124	天澤履	表戰戰兢兢又為「禮」也	雖有危急之事幸好能平安度過	小凶帶吉之象
127	兌為澤	表少女純真喜悅之象	卻在純真之中帶有嬌蠻、任性的態度。大好大壞。憂喜參半！	吉凶參半、狀況卦
129	火澤睽	表乖危、叛逆、背離之象	主凶象。意見不合，彼此爭鬥、任性、不協調	凶象
132	雷澤歸妹	表小妹急著先出嫁	為感情衝動、不理智之象。或是自己一廂情願衝動的妄想	主小吉帶凶。疾病大凶
134	風澤中孚	表誠信、實在	若為人處事一切以誠信為重，則事事皆可順利而行。	大吉象。疾病小凶
136	水澤節	表節制之象	卦中所現，提醒卜卦之人，事事有過於放縱之象，尤其是在金錢方面	狀況卦，吉凶未定之象
139	山澤損	表小有損失也	「塞翁失馬、焉之非福！」是此卦最好的解釋	主凶中帶吉之象
141	地澤臨	表大駕光臨，貴人來到之意	臨又為「君王臨幸」之意，是上者對下者之象，在事業投資，為貴人相助之意	主吉象

頁數	64卦卦名	簡 易 卦 意	一 般 含 意	吉、凶、狀況
144	天火同人	表有志一同，相和而成	理念相同共處愉快。事業投資、感情皆是和睦融洽。	主吉象
146	澤火革	表該改革、革新之時候了	事事情況雖不穩定、明朗，但只要有心改變，則成功機會大	狀況卦，吉凶未定
149	離為火	表智慧、明亮、溫暖	卻也有虛假不實的現象	純卦，主大吉大凶
151	雷火豐	表豐收之象	凡事積極奮發可成，此卦最利於短期投資理財	吉中帶小凶之象
153	風火家人	表同為一家人	事事以家人為重之意，如事業投資均需一家人合作共事為佳	小吉之象
156	水火既濟	表水火陰陽調和	水火本相剋，因一時環境或人事所影響，而暫時相安無事	吉中帶凶之象
158	山火賁	表美麗的外表裝飾假象	「金玉其外、敗絮其中」經過有心修飾、偽裝的外表或事情	主凶象
161	地火明夷	表被傷害與誅滅之意	小人氣盛被小人所重傷，此時需忍辱靜守為佳	主大凶象
163	天雷无妄	表不要有一些空幻的想法	你的想法可能有點虛妄不切實際	主小凶象
166	澤雷隨	表隨遇而安，一切隨緣、隨和，夫唱婦隨之意	事事均可依隨著自己的心思計畫來執行，而會順利地達成	主吉象
168	火雷噬嗑	表如鯁在喉、難以決策	是需要堅決下個決心的時候了，必極力咬斷梗物，方可順意	狀況卦，有點偏小凶
171	震為雷	有衝動不安穩的現象	要注意意外血光，有被驚嚇之情形發生。運動比賽可為吉論	主大好大壞之卦象有點偏凶
174	風雷益	表利益、好處	是由上對下的一種好的給于，可得貴人來相助、扶持	主吉象
176	水雷屯	表剛出生的小草	又如創業之始，困難重重，有辛苦、不如意，和意外之障礙	主凶象。四大難卦第一卦
178	山雷頤	表養、飲食或充實之意也	養跟飲食有關，也表示養育、教育的意思，對情勢需要再充實、瞭解	主小吉帶一點凶象
181	地雷復	表重複再來、週而復始之意	好事會重複，但壞事也會重複再來的。此卦顯現一種循環的狀態	是個狀況卦，吉凶未定

頁數	64卦卦名	簡 易 卦 意	一 般 含 意	吉、凶、狀況
183	天風姤	表邂逅、不期而遇	會帶來意外之喜、也會帶來意外之災，需視動爻變卦吉凶來論斷	是個狀況卦，吉凶未定
186	澤風大過	表犯了一個很大的過錯哦	此卦定有險象，宜慎水難滅頂之患，亦有因情色惹上官司之憂。	主大凶象
188	火風鼎	表三足而立，平穩之勢	事業投資應與人合夥為佳，諸事可在平穩中發展	主吉象、感情姻緣凶象
191	雷風恆	表維持長久不變的跡象	顯示一種會持續很長久的一種狀況。好的或壞的情形，都將會再持續下去	主是個狀況卦，吉凶未定
193	巽為風	表不定之象，時柔順、時狂暴	不易控制的局面，包括人、事、感情、投資，都是令人很難去掌控的	主大好大壞之象
196	水風井	表小水固定的水源	有格局小卻只要能過活之心態，財運小吉，工作、事業小有作為	主小吉象
198	山風蠱	表受到蠱惑、毒害的現象	蠱毒是因內在腐朽而生蟲化毒，顯示問題的根因存在已久	主大凶象
201	地風升	表一種情勢有如乘風而起	尤其是在氣運的轉變中，將會顯現得很明顯	狀況卦，吉凶未定
203	天水訟	表訴訟、爭端之象	事情衝突必須到見官上法院，可能必須以法律途徑來解決了！凡事皆不利	主大凶象
206	澤水困	表有很大的困難被困住了	四處無援，最困難之時。事事很難再有進展	主大凶象、四大難卦第四卦
209	火水未濟	表陰陽不調和，氣血不順	人事、情緒不順應是最大的影響主因。幸好此卦會有否極泰來之變化	主凶中帶小吉之象
211	雷水解	表困難解決之象	事出有因、但已是到該解決的盡頭了！只是化解之日還很長	主凶帶小吉之象
214	風水渙	表渙散、離散之象	心神不寧、精神不佳，人事向心力均已離散，有頹廢不振的運勢	主凶象
216	坎為水	表陷溺被水淹滅之意	困難已到來了，此時正在掙扎中，隨時會被淹滅而破散	主凶象、四大難卦第二卦
219	山水蒙	表被蒙蔽不明之意	事情迷濛不明，不宜輕信於人，此卦易犯小人	主小凶象
221	地水師	表軍隊打仗強烈抗爭之意	與人結怨甚深而遭到其強力的打擊、迫害，或遭嚴重的沖煞	主大凶象

頁數	64卦卦名	簡易卦意	一般含意	吉、凶、狀況
224	天山遯	表退守、退步之意	一切事項均需停止下來，因其中可能有小人、或障礙、陰謀在破壞中	主凶象
226	澤山咸	表男女相感應、感動也	感，有如青春男女，清純無暇的感情，心心相印有感而發的情感	主吉象
228	火山旅	表旅行、不定、不安穩之意	旅行者常居無定所。表示事事皆在浮動之中，雖不現大凶象，但也是很令人煩心的	主小凶帶小吉之象
231	雷山小過	犯了一個小的過錯般	表有志難伸、龍困淺灘事事小有不順，有被打壓的跡象	主凶象
233	風山漸	表循序漸進，不可心急	好事慢慢在進行中，一切遵循正理常規即可，事業婚姻均能有收益	主吉象
235	水山蹇	表寒足跛行、艱難之意	冰天雪地中赤足而行，表示現在處境多麼的艱辛困苦，卻又不能放守不管	主大凶象、四大卦，第三卦
238	艮為山	表停止、退守之意	凡事應當知進退、量力而為。有如登山越嶺般，需充分審視自己的體能	主大好大壞之象
240	地山謙	表受壓抑而讓自己謙遜自抑	此卦顯示，當被壓制時，當忍辱下來，待時運一過，自然會有更好的發展。	主凶中帶小吉之象
243	天地否	表否定、不好、壞掉了	否、顯現出陰陽之氣不協調，在人及事方面諸多不被認同，有內外不合、眾說紛紜的現象	主大凶象
245	澤地萃	表聚集、重新淬取之意	經過濾、篩選出最精華者，有主權掌握在自己手上的意思。	主吉象
247	火地晉	表進取、氣運旺盛也	陽光準備要照耀大地，日出東方一片欣欣向榮之象	主大吉象
250	雷地豫	表高興悅樂之意或猶豫之意	此卦顯示做事積極、有力，性情柔和、圓融，充滿令人喜樂之氣象	主小吉象
252	風地觀	表觀察、觀看	凡事不可輕下決定，需要再觀察一下局勢再做打算	最標準的狀況卦
255	水地比	一片融合互持、比和之意	水溶入土中、膠和在一起，是個很親密、融合的卦象	主吉象、疾病為凶象
257	山地剝	表剝落、切削、毀損之意	地動山崩，表示很嚴重的動盪、變化，而致使重大的傷害、不幸的產生	主大凶象
260	坤為地	表天生的母性，柔順、保守	決策有過於柔弱、沒主見，不宜當為主官、主管，最宜當副手	六沖純卦，大好大壞之卦象

第四講　易經卜卦的方法和儀式

【卜卦的精神因緣和意義】

其實學易經就是首重在卜卦、求卦、解卦，若是學易經不懂如何解答卦意、如何卜卦，和瞭解卜卦的源由，那豈不猶如像是在岸邊學游泳，或是一個要來學會英語的人，卻是不知該如何用英文來和外國人對談溝通，那他來學英文又有何用呢？

語言永遠是用來溝通的，英文是如此，易經也是如此，而要學會語言的最佳方法，就是多講、多用、多卜卦、多練習，否則你是永遠也學不會易經的！所以在第一、二堂課時，老師就非常鼓勵學生要開始先學會卜卦，並且要多卜、多練習，自然就能體會出每個卦意的意思和運用了。

用一種最口語、最簡單的介紹易經，其實它就是先佛菩薩神明和人溝通的一種方法和語法，自遠古時代「卜筮」就是與神溝通，請求神靈下達指示的一項儀式，而後歷經許多先賢的整理，才漸漸形成一套完整的文字記載和方法。

在現今中，其實與神靈溝通的方法有非常多，最普遍的有

◎易經卜卦　◎抽籤籤詩

◎乩童附身　◎通靈法師

◎扶鑾降靈　◎神明托夢

當然以易經卜卦來求問事情的解決方法，更是最最直接和神靈溝通的最佳方法，為什麼呢？因為在所有的方式中只有這種透過卦象、卦意的卜卦方法，才能明確的用文字來表示，而非如通靈那般，只是靠著無形的感覺去揣摩感覺，神靈所要表達出來的意思。

而且通靈或乩童附身，也會加入通靈者的個人情緒和想法，甚至被有心人假借神意來斂財騙色，更是沒有任何的文字依據，完全欠缺客觀邏輯的推斷。

所以老師常說，若有人卜出個好卦，難道解卦的人，敢矇著眼說瞎話，說該人快大禍臨頭了，需要改運啦、制煞啦、作法啦……大概是想騙財、賺紅包吧！所以等你們上了我的易經課，可能老師以後都沒機會騙你們的紅包了！（學生一陣大笑……！）

既然卜卦是和神明、菩薩溝通的儀式，那需不需要很誠心、誠意呢？當然要囉！試想會有人滿手髒污，衣衫不整就去廟寺裏拜拜嗎？還是就去看醫生或上課嗎？

因此卜卦時，就要冥想著好像是在和神明說話一般，或是也可以當作好像是在跟一位德高望重的長者請示事情一般，當這位長者能被你的誠心、誠意感動時，自然就會給你很好的意見，而來幫你解決問題的囉！

【卜卦的儀式方法】

既然卦是和先佛、神靈溝通的方法，那卜卦的方式，有一定的方式或儀式嗎？

其實就老師的體悟而言，卜卦以心誠最重要，至於用何種方式和用何種法器，就不是很重要的了！完全是以個人的習慣為主。

一般有以下的卜卦方式：

卜卦種類：通常分爲分三大類。

1．抽取固定籤詩或籤卦：如竹籤卦、文鳥紙卦…等。

2．以數目變化來論卦：如文字卦、數字卦、米卦、紙牌卦、花瓣卦…等。

3．以金錢或骰子之陰陽變化來論卦：如金錢卦、骰子卦…等。

所以這麼多方式，是不是令人很撩亂呢？其實所有方式只不過是求出卦的一種媒介方法吧！千萬不要被某一些人的花招給矇騙了！等你學會精通了，也是可以自創屬於你的卜卦方式來的。

因此重點仍是在誠心地與菩薩做好溝通才重要吧！

曾經有學生拿著說，這個是某年代的靈龜龜殼，珍藏的清朝銅錢，卜出來的卦才會有準…！甚至也有人說金錢卦才是易經的文王卦，米卦就不是文王卦……老師笑著說：那漢朝人、明朝人沒有你這珍藏的清朝通寶，那豈不就不用卜卦了！（又引來了學生一陣笑聲……！）再強調一次，易經只是一種溝通的語法，就有如英文也是一種語言，可以用寫的、說的、畫的…可以用任何的方式來表達，只要能達到溝通瞭解的目的最重要，因此所有以米粒、銅板、骰子、測字、翻書頁、抽竹籤、數花瓣…都是為了求得卦象的方法之一，全部都是易經、文王所修訂的「周易」版本，可千萬不要再被其他花俏的卜卦方式給迷惑了！

好了！一般我比較建議初學者用的方式是「米卦」和「文字卦」。因為這樣卦象中的變化比較單純，對於初學者來說較容易講解，等到熟練以後進入中階，再來學習以金錢或骰子來卜卦。

現在就來講解、示範如何以米卦來卜卦，而以下的方法都是老師的訂定的，請注意！是老師自行訂定的定義，並不是一定絕對就是這樣的。只是你若用習慣了，也就也是可以不要隨便去改變了！

【米卦的卜卦定義】

將白米粒以紅布袋，或碗、盤裝好

一、只以右手拇指和食指（注意只要兩隻手指頭就可以了），捻出三把米。將每一把米顆粒數出。

二、第一把的數目除八，記住八卦的卦序嗎？1·乾，2·兌，3·離⋯餘數為下卦。

三、第一把加第二把的數目除八，餘數則為上卦。上下兩卦相疊組，即得出一個卦象來。

四、第三把之數除六，因一個卦有六個爻，第三數的餘數即為是第幾爻有動，就是為變爻。

五、將有變化的爻，陰變陽爻或陽變陰爻，再畫出一新卦，即為變卦。

因此以米卦來卜卦，一定會有兩個卦，一為成卦，一為變卦。

例：捻出有三組米粒數字為：12、9、16

12為內卦（12-8=4）卦序4　為震（雷）卦

12+9=21為外卦（21-8=13-8=5）卦序5　為巽（風）卦

故上下相疊組成為：成卦「風雷益」卦

而16為變爻（16-6=10-6=4）第4爻變（陰變陽爻）故為：變卦「天雷無妄」。

風雷益：「成卦表：目前所求問之事的現狀。」

天雷無妄：「變卦表：所求問之事未來可能的變化。」

【數字卦或文字卦】

若是要以數字卦或文字卦來卜求，即是在冥思、默禱後，寫出三組數字或三個文字即可，也可用翻書頁的方式，來求出三組數字。文字另需要將它的「筆畫數」算出，仍然是為三組數字。以文字求卜，切記不可為一個名詞或人名，要以三個不相關連的「單字」來求，才會準確。

老師還是建議儘量以米卦來卜求，若是臨時不方便準備米粒，就可以改用「翻書頁」的方式，翻三次書頁來求得三組數字。

【卜卦的儀式和觀念】

卜卦的儀式和觀念：首重心誠和無雜思，只有心亂不信之人，從未有不準的卦象。

1．尋一乾淨、安靜無人吵雜之場所，客廳、辦公室、臥房、佛堂…均可以。

2．淨身：即先上廁所洗手臉、漱口，整理儀容。可在自家中點一檀香更佳。

3．準備好法器，例如：米粒、銅錢、木龜、紙、筆。）若是米粒，請以碗裝好半滿即可。）

4．在紙上清楚寫下日期、時間，問卜之人，和所要卜問的事情，寫的越清楚明白越好，也可以同時寫上幾個不同的問題。例如：卜問感情：
1、與A如何？ 2、與B如何？ 3、與C如何？

5．靜思：備好清水一杯，將此水小口緩緩喝下，以靜心思。

6．雙手合掌，閉目冥思禱求迎請佛菩薩或神明，將所求卜之事在心中默想七遍以上。（所祈求、迎請的神明或菩薩，為平時常拜求的神即可，最好在一開始學易經時，就事先向菩薩、神明來稟告皈依、祈請、拜佛）

例如：觀音菩薩在上，弟子□□□，今天心中有疑惑困難為……，請菩薩慈悲請以易經卦象，來為弟子指示一個吉凶方向。

7．然後以右手拇指和食指，將米捻起三把，分開放在紙上成為三堆米，並時時仍冥想著所要求卜的事情。

8．將三把米粒分別數好記下，再以老師的定義，將卦象劃出寫下，寫為一個成卦，表現在所卜問事情的狀況。再有一個動爻，會有一個變卦，即表示未來可能之發展。

9．將此成卦和變卦，詳查六十四卦的卦意吉凶來批解之。

若是對於卜出的卦象還想要更進一步的瞭解，當然還是可以繼續再求卜下去，例如：卜求與朋友合夥，得卦象為凶。可以再卜求到底是何原因？或是與該朋友不利？或是目前時機不妥當？或是本身的財運不佳…？都是可以不斷地卜問下去的！

【卜卦的求卦精要】

在繫辭傳中，曾寫明求卜一件事情，是不可以重複求卜的！否則是褻瀆神明的一種行為！

這個觀念是正確的，老師不斷強調，原本卜卦就是請求神靈、菩薩指示事情的一種儀式方法，若是已經得到了回答，怎可以再不斷地懷疑，而再三的質問「同一個」問題呢？

可是，一般人卻忽略了既然是向菩薩「請教」，當然就要「不恥下問」、「虛心求教」了！

並非一卜到凶卦，就萬念具灰宣告放棄了！

老師常笑說：當有醫生說你得病了！難道你就是放著病痛不管，回家等死嗎？當然不是囉！一定會緊問著醫生：有沒有藥醫…？怎麼醫才會好…？多久可醫好…？要不要住院呢…？為何會得病呢…？以後要如何來預防呢…？

卜卦不該也是要如此嗎？向菩薩請卦，就像是在跟醫生請問病情一樣的嘛！而不是死板板的，看到凶卦，或解不出來的卦，就無可奈何、不知所措了！應該緊接著換個不同的問法，再求卜下去的！

例：求卜運勢，為「澤風大過」是凶卦喔！

再卜求，是會破財嗎？……得「天雷無妄」！菩薩說：不是啦！

再卜求，是會意外嗎？……得「地火明夷」！果真沒錯！

再卜求，那該如何化解呢？…得「火風鼎」！告訴你，趕快到廟寺裡拜拜，求菩薩保佑了！

所以卜卦所求出來的卦意，就是如此的直接、明瞭！只要有心、誠敬，菩薩絕不會嫌你煩的！

而且，也不會像通靈那般，不是語帶玄機、模稜不明！不然就是心理懷疑著，到底是神意？還是人意呢？

「備註」：1、六十四卦的每一個卦中都有六畫爻，爻相一至六是要從下往上數起的，第一爻在最底下，又稱為「初爻」。第六爻在最上面也稱為「上爻」。

2、陽爻經傳中亦稱為「九」，陰爻稱為「六」。所以看到寫著「九五」就表示第五爻為陽爻，「六四」就表示第四爻為陰爻。於此類推……。

第五講　對卜出的卦象如何來解卦呢？

【該如何來判斷卦象的吉凶】

卜卦的目的，最主要在於知道所卜的卦是吉是凶，進而來研討這個卦象與問卜者本身的關係，如遇到吉事要如何去獲得，才不會有得而復失的情形，如遇到凶事要如何去避開，以免造成禍不單行的結果，因此判斷吉凶，就成為我們卜卦的很重要目的，那麼吉凶到底如何來判斷瞭解呢？

無論是問卜者，或是解卦者，都應該對於易經中的吉凶，要有一個正確的理念，免得卜到吉事時，認為好事會自動找上門，空在家裏等待，讓良機靜靜地從你身邊走過而錯失良機，也不要卜到凶事時，認為已無解路，而自暴自棄片甚而自我戕害，實在不值得。

在整部易經中，吉與凶是沒有絕對的，而且是隨著時間、空間以及每人的心理及作為在變動，它會在我們遇到好情況時，教我們用什麼方法去保有它，不要讓機會喪失了。當我們遇到不好的事時，它教我們要用什麼方法去避開它，不要讓厄運隨時跟著我們。

簡單的說，就是指導我們趨吉避凶的方法。可見易經是我們人生中最好的指導老師，最主要是我們如何去活用它，才是真正的對我們有幫助。

【易經中（象）的運用】卜求事情的分類要清楚

想要學會易經如何來解卦，這個【象徵、代表】的意義，真是非瞭解不可！因為只有八個符號、六十四個符號，如何能表達出那麼複雜的各種事物、問題呢？所以就要詳細的分類來運用了，因此卜卦只能一事一卦，若問第二件事呢？那當然就要再卜第二個卦了！

卜卦前，所想問卜的事也因此必須寫得很清楚明白，例如：卜求財運，就不可想著考試的事。否則，卦意可能就不準了，因為同一個卦，對財運和考試的解釋是會有不同的。

例如：卜出「乾為天」變為「火天大有」卦，

卜求事業、財運，為吉象。

卜求身體，卻是凶象。

【解卦的層級 初階中的解卦語法系統】

為何一般人學不會易經呢？老師想最大的原因，就是卜個卦象出來，卻不知道該如何解釋它的意思！自然就無法再深入地學下去，或是就放棄了！而解卦，當然也就跟你所學的程度，而有所層級深入的分別了！就有如看病找醫生一樣，小病找小診所，大病才找大醫院。其實這是很簡單的道理，可是許多老師或許多書，卻都沒有將這種進階程度說明清楚。

所以，只要心誠，絕無不準的卦，重點只是在於，對這個卦象、卦意所瞭解的深入與否，然後講的多或少吧了！初學者，一定要有信心！

■解卦的層級可分為：

◎以最基本簡單的卦意，來分辨吉、凶！

卜求的事情，盡量以是非、好壞的方式來寫明！

例如：卜問：今年高考會不會考上？　凶卦，表很難考上！

再卜問：今年普考會不會考上？　凶卦，表很難考上！

吉卦就是可以考上！

或再卜問：那明年普考會不會考上？

「最忌諱卜問」：今年的考試運如何？….或卜問今年的運勢如何？….因為對一個初學者而言，以上的卜問法，是需要一點程度，才有辦法去分析出卦中的好壞、吉凶的！試想，難道，你今年只考一個試嗎？或是今年一年中的運勢都會很壞嗎？或許就有幾個月是好的，而有幾個月是較不順的呢！

【以成卦和變卦的吉凶互動，來判斷事情的發展演變】

一般若用米卦、數字卦，來卜求，通常一定會有兩個卦象。

「一為變卦，表事情未來可能的狀況吉凶」（請注意：是可能！而非一定！）

【成卦與變卦的互動關係】

六十四個卦象中，大概可以簡略的分為三大類：吉、凶、狀況。

成卦卦意	變卦卦意	一般批解現象
成卦爲吉象	變卦爲凶象	不要樂極生悲，未來要特別注意
〃	變卦爲吉象	事事大吉
〃	變卦爲狀況卦象	會有你未卜問到的事情發生
成卦爲凶象	變卦爲凶象	從現在到以後都要很小心
〃	變卦爲吉象	否極泰來，轉機的時刻
〃	變卦爲狀況卦象	或許會有轉機，還會有其他事發生
成卦爲狀況卦象	變卦爲凶象	目前似乎一切平靜，但要小心
〃	變卦爲吉象	值得期待的未來
〃	變卦爲狀況卦象	心情不定，事事皆迷濛不清中

在成卦的六爻中，會有一爻有「動」；也因此，有動就會有「變」。而產生一個新的變卦來，

因此，『動』的這個現象，在解卦中是非常重要的一個觀念，

【『動』為事之始也！而『變』為事之終也！】

在成卦中，由兩個八卦之上下兩卦相疊而成，分為外卦、內卦：

「外卦，表被所卜求的事。表示在外的影響。表時間、人事受限變動於外在。」

「內卦，表在卜求的人。表示在內的影響。表時間、人事受限變動於內在。」

【分析彼我法】

因此將所卜得的「成卦」加以分離來看，上卦代表對方，下卦代表自己。該種占法多運用於買賣、感情之類的卦象。但是，並非隨時均可加以應用，祇不過是解法之中的一種看法而已。

譬如：風山漸的上卦為巽（風）卦，視為對方，下卦為艮（山）卦，視為自己。然後在去瞭解上卦及下卦的卦意，即可大概判斷出，彼我兩人目前的大概狀況了！

因此，看是外卦有動，還是內卦有動。以此去判斷，到底是外在的事情有變，還是變的內在的是人！

例如：卜問：男女兩人的感情如何?若卜出凶卦，外卦動，表對方心已有異動。內卦動，表變心的可能是自己喔！

【了解吉凶的原理】

其次，上面我們已經提及占米卦後，我們都能得到成卦及變卦，這兩個卦是告訴我們事情的情況發展。

成卦是告訴我們目前的狀況，變卦是告訴我們未來可能的變化，當我們瞭解兩個卦的來龍去脈後，就不難掌握事態的變化，事情的根本原因，加上事情的每一個細節，在每卦每爻都跟我們指示很清楚，我們祇要詳細瞭解六十四卦的卦意解析，就不難找到趨吉避凶的方法。

最後，可以再介紹幾種看卦的方法作為讀者判斷卦體吉凶的用法。

■看卦爻的方法：

每一個六十四卦中，都是由六爻（6畫）來組成的，而卜出成卦的六爻的每一爻，係表示在各該時期的事物狀態及其變化，這稱為「爻相」。

首先占得成卦（本卦），即可瞭解一般的狀況。而其次，再求出變卦。如果就該動爻來作一分析，則以所占得的動爻作為重心、關鍵、重點，按其爻的順序、是在內卦或外卦，來判斷其具備何種意義，時間上有何變化。（這是屬於中高階的解卦層次，初學者參考即可）

譬如：占問遺失物時，得出初爻「第一爻」有動，則視為近日內所失。若得出上爻（4、5、6爻）動，則視為已失很久了！

且就時間上而言，得出二爻動變時，則配合所占得之卦，判斷其為第二天或第二個月。此外，也可以延伸到二小時、二人、二萬元之類，完全按所占之卦，對該二爻加以研判即可。

其次，根據變卦，動爻所居之爻位，猶如午後與午前、家裏與家外、樓上與樓下、明天與今天之類，將占得之卦區分為二，即上（外）卦，與下（內）卦。即可進行占斷。

譬如：占問遺失物時，得出的動爻居於內卦時，則可判斷該物仍在家中。

【歸魂卦與遊魂卦】的瞭解

上卦與下卦，相同之卦，稱為八純卦。

至於，根據動爻的變化，在第五爻產生變化時，稱為歸魂變卦。

歸魂卦的下卦變化、翻轉而得出變卦，稱為遊魂卦。

純卦	歸魂卦	遊魂卦
乾爲天	火天大有	火地晉
兌爲澤	雷澤歸妹	雷山小過
離爲火	天火同人	天水訟
震爲雷	澤雷隨	澤風大過
巽爲風	山風蠱	山雷頤
坎爲水	地水師	地火明夷
艮爲山	風山漸	風澤中孚
坤爲地	水地比	水天需

會將卦名取為「歸魂和遊魂」，當然就是和鬼神、無形的靈有非常直接的關係，因此若是卜問身體健康時，卜出歸魂與遊魂卦時，通常表示主要有重病或受到鬼靈的沖煞附身，一般可能醫藥會比較難治療，要特別的注意，最好是能再來祈求神

佛指示保佑，才能有效解決問題。

尤其是長久臥病之時，可視為有性命的危險。若對卜出的卦意還不甚瞭解，建議可以再繼續求卜下去。當然若是卜求事業或感情，則以直接的卦意來批解即可，不必太在意遊、歸魂的意思。

身體健康若卜出得出八純卦時，也表示會很難來治癒，可再參考變卦吉凶來論斷。

【以八卦百象的變化，進一步深入去瞭解卦意】

其實若能以內外卦的八卦百象來解卦，在此初階中應是很不錯的程度了！

八卦百象的解卦重點，也是以『動爻』在何卦，來做事情變化方向的判斷。

一般所做的判斷有：

1．時間的變化，如離卦變乾卦。表，是發生在（離卦）夏天，可能影響在（乾卦）秋末。

2．方向的變化，如震卦變坎卦。表，發展的方向最好是由（震卦）東方轉向（坎卦）北方。

3．人與人互動關係的變化，如坤卦變兌卦。表，原本是像（坤卦）母親照顧你的態度，可能會轉變成像（兌卦）小女生般的任性、衝動的了！

4．病情的變化，如震卦變兌卦。表，病是在（震木）肝引起的，有可能（兌金）肺也遭到感染了！…以下的運用還很多！

，所以事先想明、寫清楚所卜求的事，也是非常重要的呢！千萬不要把自己給搞糊塗了！

【一些特別的卦象運用】

天地否、雷山小過、澤地萃、地水師、雷地豫又是屬於有出現墳墓入土現象的卦象，故得重病時，來求卜身體健康時卜出這些卦象，務應特別提防。

■四大難卦

以下並列的四個卦象，各卦均帶有坎水，在運勢上而言，屬於是在困難逆境中的卦象。

第一難卦：水雷屯，表示困難初生。開始剛發生遭遇的困難，此時還可以注意提防問題的處理。

第二難卦：坎為水，已經陷在困難之中了，進退均很難有抉擇，此時需要奮力一搏、破斧沈舟，或許就還能迎刃而解。

第三難卦：水山蹇，赤足在冰天雪地中行走，表示已在遭受困苦的折磨，卻又無法迅速解決，只有咬牙認命硬撐下去，才能有機會熬到春天好運的來到。

第四難卦：澤水困，困難之極困住了。問題已經無法來處理了，或許此時放開心胸認命接受它，才是最好的心態，需要等待的是柳暗花明又一村的奇蹟了！

通常在卦象中，是以「水」表示大河流，並不是表示財運，因為大河常會氾濫成災，故以坎水表為凶象。上卦（外卦）帶有坎水卦者，主有外患。下卦（內卦）帶有坎水卦者，主有內憂，故「坎為水」卦就表示有內憂外患。

由於坎具有陷穴、困難、苦難的卦象，故占得該卦時，必須自我保重，以挽救極險的狀況，並且步步為營，等候時機的到來，以謀脫離險境。

就以逆境凶象的卦象而言，卜求得此類的卦時，如所占得的爻位接近上爻（4、5、6爻）者，表示其困難將近結束。

【周易中常用到的解卦方式】

尚有「互約卦」、「錯卦」、「縱卦」、「雜卦」……等解卦的方式，這些是在「周易」經傳中，常用到的解卦方式，老師並不建議初學者來學習，在此初階中只是稍做說明、參考，有興趣者再去深入研究，免得學的越雜，反而腦袋越糊塗了！

◎中階晉級，看周易、繫辭傳、論爻辭……

◎高階晉級，看六爻、安六親、干支五行、論旺衰……

還是等學會了此一程度，再來慢慢講解了！

第六講　六十四卦象卦意說明導讀

六十四卦象卦意的白話解釋，我們此時真的可以來體會一下，為何易經有「簡易、變易、不易」的三種解釋角度。

一般而言易經周易的卦意解釋，目前都是延續周易經傳本文和「十翼傳」的解釋，而來將這六十四卦做白話的翻譯說明。因此老師也是入俗的沿用這種說明方法，但並不只是為將本來的古文翻譯寫出而已。

另外老師還會加上【總結批論】的心得，就是比較適合現代環境下的卦意解釋，學員可以多參考。以米卦來卜求卦象，一定會有兩個卦，因此解卦時，一定要將兩個卦意，針對所卜求的事情來交互判斷，是不能只用一個卦象的卦意吉凶，就來論斷吉凶的！

六十四卦卦意詳解中的內容說明導讀：在解釋中常會看到「彖曰、象傳曰、繫辭曰…」，這些都是十翼傳對易經卦文內容的解釋，所以略將十翼傳說明如下。

【十翼傳內容概要簡述】

◎彖辭上下傳〈彖傳〉

彖，據說是古代一種牙齒犀利的獸類，能夠咬斷堅硬之物，所以孔子假借為其斷語之辭，可以斷定一卦之義，知道一卦陰陽消息，剛柔變化的不同，及其生成原理，從卦德、卦義、卦情，一一作了解釋與說明，等於是一卦的總論，先解釋卦名，後釋卦辭。如蒙卦彖曰：「蒙，山下有險，險而止，蒙。蒙亨，以亨行時中也！蒙以養正，聖功也。」其實就是直接表示最簡單清楚的卦意字面意思。

◎象辭上下傳〈象傳〉

「象」是表示「象徵、代表」的意思，也可以說是取象與自然界的變化，解釋卦象稱大象，解釋爻象稱小象。大象分列於每卦之後，爻象分列於每爻之後。「象」即為象徵、形象之義。象辭有正面與反面的敘述，比卦「地上有水」、蒙卦「山下出泉」、師卦「地中有水」，是正面的比喻。而訟卦「天與水違行」、謙卦「地中有山」、賁卦「山下有火」，是反面的比喻。以自然現象的不同，比喻的人生意義也不一樣。其實是卦象、卦意所象徵衍生出來的含意，通常要配合所卜問事情來做吉凶的判斷。

◎繫辭上下傳

《繫辭傳》是對《易經》最全面性的註解，是為孔子研究《周易》之通論，它有總綱，有細目，其內容論及《周易》作者，成書年代，觀物取象的方法，易學的重要作用，並解釋八卦，並展示易經卜筮的方法，還穿插解說了多則爻辭等，泛論作易的本旨及鋪述易道之廣大，並指陳卦爻數象義理之精華，是研學易經必須研讀的傳文。

◎序卦傳

孔子以六十四卦排列先後的次序來演述說明，一個人的從

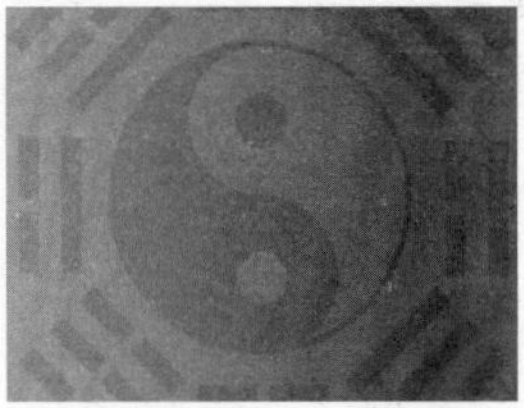

出生、學習、成長、成家、立業、老死等現象，分為上下兩篇。上篇由乾坤至坎離，共三十卦，言宇宙自然及杜會現象，含有宇宙論及人類進化等諸哲理。

下篇由咸恆二卦至既濟、未濟卦，共三十四卦，言人事現象、家庭人倫及處世之，由天地萬世始，在《序卦傳》中，可以知道天人相應，本末終始之義，尤其在《易經》的六十四卦以「未濟」為終，更明白指出，易的生生之德，生命永不停留，永遠都是有新的出發和轉機的。

◎說卦傳

闡明易經的根本原理，解釋八卦的卦象與卦義，從體、相、用三方面總說八卦的形成與性質，及所代表的物象與陰陽三才六位之說，進而由八卦相重相錯，成生生不已的次序，而有《易經》六十四卦生成變化的軌跡，也是占筮者不可或缺的重要依據。

◎雜卦傳

取兩兩相錯或兩兩相綜的兩個卦，以一字或兩字畫龍點睛，勾勒出易道之要義，對此解說之，使每一卦活靈活現，不失《易經》「易簡」之義。如「乾剛坤柔」、「比樂師憂」、「咸，速也。恆，久也。」

所以以下的卦意解釋中，如「乾象體」，就是以「象傳」來解說。「卦意判斷」，就是以「周易本文」來解說。「卦象參考」，就是以「象傳、繫辭、序卦、雜卦等傳」的解說來綜合解釋批解。

而【總結批論】，就是老師以比較適合現代環境下的卦意來解釋。

第七講　八卦代表各種事物的說明和運用

【八個單卦的象徵意義和運用】

八卦百象，幾乎含括了，自然天象、人物、五行、顏色、方位、風水、義理。

八卦：代表八個運用的符號。

百：表示百種不同的事物、道理。

象：是用來象徵、代表人世間的各種事物。

究其源由，只是神明、菩薩和我們人所溝通使用的一種象徵代表性的語法吧了！只要瞭解了其中的運用規則，其實是非常簡單、明瞭、易懂的！

因此當在卜問事情時，將你所要求問的事項，要做個非常詳細的分類，就是非常的重要了！

例如：卜問天氣時，乾就需解釋成—晴天—而不能以—父親—來解釋的！

卜問身體時，乾就需解釋成—頭部—而不能以—晴天—來解釋的！

卜問發展吉方時，乾就需解釋成—西北方—而不能以—頭部—來解釋的！

卜問風水時，乾就需解釋成—天門—而不能以—西北方—來解釋的！

八個卦象的運用，在以下的幾種情形中，最常被用到：

1．以內、外卦來表示彼此，人與人或人與事之間的關係時，例如：卜問感情，內卦表示自己，外卦表示被卜的對方。卜出一卦為：「天山遯」，「天」表為對方的個性或心態。「山」則表為自己的心態。

2．此種批解方式可用於，投資、合夥、徵人、找工作、等，自己與被卜的人或事之間的互動關係。

3．以「動爻」來批解有所變化的事或人，例如：卜問感情，動爻在內卦，那可能是自己的情形心態有所變動，或是另外代表變化的時間點、季節等。

4．八卦的單一運用，吉凶論斷需看求卜的事項來判斷，絕不可執著於以下的意思解說，這是學習易經很重要的觀念。

5．一些比較常用重要的八卦代表意義，可參閱「八卦百象圖表」。

以下八卦詳細的代表意義說明可以來參考運用。

【乾爲天】

☆五行：屬金。

☆五色：金屬色、黃金色、赤色。

☆數目：先天一，後天六，河圖四、九。

☆方位：西北向。

☆姓氏：有金字旁姓的人。

☆時序：有戌亥的年、月、日、時。中秋之後，九、十月秋冬之交。十八至二十一時。

☆身體：主要為頭部。器官為腦、腦神經、情緒、內分泌。
☆疾病：頭疼、中風、腦神經方面的疾病，或有腦溢血、高血壓、便祕、神經系統疾病。或是顏面神經的疾病，神經脊髓的病變，夏占不安。
☆生產：易生、秋占生貴子，為男孩。夏占有損。
☆婚姻：有聲名之家。秋占宜成。冬夏不利。
☆天時：晴天、太陽。
☆地理：主要首都的大城市，如京城、高亢之所、具有權勢的地方。
☆人物：為具有權勢的人物，如君主、父親、主管、老人、長者、上司、神明、有影響力之人。
☆人事：剛健、武勇、果決、多動少靜，高上屈下。
☆官訟：有貴人助。秋占得勝，夏占失埋。
☆動物：馬、獅、象、龍、虎、鯨。
☆屋舍：寺廟、政府機關、公司行號、工廠、大廈。
☆家宅：秋占宅興隆，冬占冷落，春占吉利。
☆求名：有名可成，為吉。宜西北方之職。
☆謀職：有成，為吉。利於公家政府機關門。若有動爻中有財。夏占不成，冬占多謀少遂。
☆交易：宜做金玉、珠寶、屬金屬類的買賣，易成。
☆求財：有利。利於公家政府機關門。秋占大利，夏占損財，冬占無財。

☆出行：利於出行，適合往大都市，利西北之行。夏占不利。
☆謁見：利於求見大人物、高官，有德行之人，宜見貴官。
☆性情：有責任感、固執、不易協調、喜歡作為領導人物。能掌握大局，獨立性強，重現實。善於交友，會得罪人，喜歡正式社交活動、個性拘謹保守。

【兌為澤】

☆五行：屬金。
☆五色：金屬類的白金色。
☆數目：先天二，後天七，河圖四、九。
☆方位：西向。
☆姓氏：口字、金字傍姓人。
☆時序：有酉的年、月、日、時，秋天八月，十五時至十八時。
☆身體：口部牙齒和生殖器官。器官為肺部、呼吸氣管，女性另為胸部乳房。
☆疾病：屬於口、舌、咽喉、呼吸器官、肺部等的之疾，例如：氣逆、喘疾、肺炎、言語障礙，性病、婦女病，乳癌等。
☆生產：不利，恐有損胎。生女。夏占不利。
☆婚姻：不成。秋占可成。少女結婚有利。夏占不利。
☆天時：下小雨、天陰欲雨、梅雨。

☆地理：沼澤、湖泊、水邊、缸池，低窪地。與情色有關的地方、花街柳巷。

☆人物：少女、妾、歌星、演員。酒女、公關人員。

☆人事：喜悅、飲食、口舌、毀謗、色情。

☆官訟：是非很難論斷清楚，因為公務有所損失。防刑。秋占為宜，得理勝訟。

☆動物：羊、澤中之物、鳥。

☆屋舍：西方的居所、靠近湖澤的居所。

☆家宅：不安，防口舌。秋占喜悅，夏占家宅有禍。

☆求名：較不利、難成，因名聲有受損，可能為口舌是非，利於往西方去發展。

☆謀職：難成，謀中有損，秋占有利，夏占不遂。

☆交易：難有利，防口舌，有爭競。夏占不利，秋占有交易之財喜。

☆求財：無利有損，有口舌。秋占吉。夏占破財不利。

☆出行：不宜遠行，防口舌、損失，宜向西行。秋占有利，勿行遠。

☆謁見：利於往行西方，求見容易會遭受口角是非、責難。

☆性情：性格爽朗且愛慕虛榮，有自滿於小成就之傾向。情慾強烈，容易受誘惑。口才好且機敏，講究享受，易聽信人言，佔有慾強。

【離爲火】

☆五行：屬火。

☆五色：紫色、紅色。

☆數目：南向。

☆姓氏：有立字人傍、火傍、日傍的姓氏人。

☆時序：有午的年、月、日、時，夏天四至五月，中午十一時至下午一時。

☆身體：眼睛。器官為心臟、心火上焦。

☆疾病：眼睛的疾病、瞎眼。心臟方面的疾病，血液的疾病、血癌。心火旺、燥熱、上焦病，便秘、高熱、灼傷。情緒浮躁、心情不佳，口乾舌燥。

☆生產：易生。產中女。冬占有損。

☆婚姻：不成。有利於中女的婚姻，夏占即成，冬占不利。

☆天時：大太陽、晴天。

☆地理：乾亢之地。有爐火冶練的地方、美容院、學校。

☆人物：中女。屬於辦公的文人、目疾人、瞎子、教師、美人、推事、美容師、消防人員。

☆人事：文書辦公之所，需有聰明才學的工作。

☆官訟：運用文書、文筆就有利，不必求人關說，辭訟明辨。夏占利，冬不利

☆動物：金魚、孔雀、螢火蟲、雉、螃蟹、蚌、龜。

☆屋舍：南舍之居，陽明之宅，明窗、虛室。

☆家宅：冬占不安，會發生火災。
☆求名：有名，宜南方文官之職。
☆謀職：可，宜文書辦公之事。
☆交易：可成。宜文書類之交易。或餐飲、小吃也有利。
☆求財：有利，宜南方求，為文書之財。冬占有失。
☆出行：可行，宜往南方，就文書之行。冬占不宜行，不宜行舟。
☆謁見：可見南方人。冬占不順，可多見文人、藝術的才士。
☆性情：注重外表，華麗，性情善變，性急易怒，經常失敗。表面明朗，生性儒弱，才能卓越，有先見之明，求知慾強。重名譽，如得貴人扶持前途輝煌。

【震爲雷】

☆五行：屬木。
☆五色：青色、綠色。
☆數目：先天四，後天三，河圖三、八。
☆方位：東方。
☆姓氏：木字傍姓人。
☆時序：有卯的年、月、日、時，春天正月、二月，清晨三時至六時。

☆身體：手足、腳部。器官為肝、脊髓神經系統。

☆疾病：手足不良的疾病、中風不遂。肝病、肝炎、神經系統之疾。驚怖不安，突發病症和意外發生造成的傷害。

☆生產：虛驚，胎動不安。頭胎必生男，秋占有損。

☆婚姻：可成，有聲名的家庭。有利於長男的婚姻。秋占不宜婚，冬占可。

☆天時：打雷、雷雨。

☆地理：樹木、鬧市、大道、竹林草木茂盛之處。

☆人物：長男。青年、廣播、宣傳人員，與樂器有關的人，勇者，不安份之人，急性之人。

☆人事：易起衝動、易怒、虛驚、多動少靜，繁榮、爬升、激烈、喧囂、明朗。

☆官訟：有虛驚，會有反覆不定的情形。

☆動物：蛇、龍、鳴蟲。

☆屋舍：山林之處，樓閣。

☆家宅：春冬吉，秋占不利。宅中不時有虛驚。

☆求名：有名，宜東方之任。發號司令之職。掌刑獄之官。適合當運動員。

☆謀職：可求，宜用行動中來謀取，秋占不遂。

☆交易：有利，秋占難成。積極動可成。山林木竹茶貨之利。

☆求財：山林木竹茶之財。需積極來做就能求到財。

☆出行：宜行，利於東方，利山林之人。秋占不宜行，恐有虛驚。
☆謁見：是被召喚來見。有利去拜見有聲名的人物。
☆性情：個性爽朗，衝動、善於廣交朋友，行動積極而且早熟，易有桃色糾紛。個性倔強有膽量，情緒化，欠缺冷靜，說話易遭受誤會，而感到痛苦。

【巽為風】

☆五行：屬木。
☆五色：深青色、深綠色。
☆數目：先天五，後天四，河圖三、八。
☆方位：東南方。
☆姓氏：木字傍姓人。
☆時序：有辰的年、月、日、時，春夏之交。三、四月，早上九時至十一時。
☆身體：皮膚、屁股腹部、骨盆之上的部位。器官為大腸、下腹部的消化系統。
☆疾病：皮膚病、皮蛇、腸疾。因氣候冷風引起的疾病，氣喘、感冒，病情會忽好忽壞，不穩定。
☆生產：頭胎產女，秋占損胎。

☆婚姻：適宜長女的婚姻。秋占不利。
☆天時：微風、或強風。只刮風不下雨。
☆地理：樹木茁壯秀麗的地方，花果菜園、公園、觀光商店、風景區。
☆人物：長女。秀女、寡婦、山林仙道之人、推銷員、南方人、旅人、來客、未婚者。
☆人事：柔和、不定、鼓舞。善交際、能關照、謠言、迷惑、輕率、敷衍、說媒。
☆官訟：宜和，恐遭風紀敗俗之責。
☆動物：雞、百禽、山中禽蟲、蛇、鳥、蝴蝶。
☆屋舍：東南向之居、山林之居。
☆家宅：安穩利市，春占吉，秋占不安。
☆求名：有名，宜文職，宜東南之任。
☆謀職：可求，有財進可成。秋占則多謀少成。
☆交易：可成，進退不一，屬於山林、木材、茶類之交易有利。
☆求財：有利，得山林、竹木、茶貨之利。秋占不利。
☆出行：可行，有出入之利，宜向東南行。秋占不利。
☆謁見：可見。和於見山林之人、文人秀士。
☆性情：慈祥溫和，樂於助人，喜歡交際。但決斷力弱。容易喪失好機會。自我認識不夠，滿腹牢騷。過於自負，心性不太穩定。

【坎為水】

☆五行：屬水。

☆五色：白色。

☆數目：先天六，後天一，河圖一、六。

☆方位：北方。

☆姓氏：水字字傍姓人。

☆時序：有子的年、月、日、時，冬天十至十一月，深夜二十一時至凌晨一時。

☆身體；耳朵、外部性器官。器官為腎，婦女為子宮、卵巢等內生殖器官。

☆疾病：耳疼、耳聾。腎臟方面的疾病、洗腎、腎虧等。糖尿病、婦女病、月經不順、性病、。

☆生產：難產，宜次胎生男。

☆婚姻：有利於中男的婚姻。宜北方的婚事。不利成婚。不可在四季月（三、六、九、十二月）結婚。

☆天時：大雨、下雪、降霜、雨雪交加、寒氣。

☆地理：大江、河流。水源地、瀑布、河海、內側、後門。寢室、地下、水利局、洗手間。

☆人物：中男。江湖之人、舟人、盜賊、船員、法律人員、思想家、部下、性感之人、病人。

☆人事：險陷卑下，外示以柔，內序以利，隨波逐流。
☆官訟：不利。有陰險，有困，會失陷。
☆動物：魚、豬、水中之物，狐，貝類。
☆屋舍：向北方的居所。酒家、近河流的地方，家中濕地之處。
☆家宅：不安、暗味、慎防偷盜。
☆求名：艱難，恐有災陷。宜往北方之任，魚鹽河泊之職。
☆謀職：不宜，不能成就，秋冬占有利。
☆交易；不利，防失陷，宜水邊交易。宜魚、鹽、酒貨之交易或屬飲料、飲的物之交易。
☆求財：有財防失，宜水邊財，恐有失陷。宜魚鹽酒貨之利，防陰失、防盜。
☆出行：不宜遠行，宜涉舟，向北行。防盜。恐遇險阻、陷溺淹溺之事。
☆謁見：難見。宜見江湖之人，水傍姓氏之人。
☆性情：不圓滑，有怪癖，愛面子。注意力集中。為達目的不顧一切。勞碌而且有神經質，會意氣用事。高傲。喜歡獨處。

【艮為山】

☆五行：屬土。
☆五色：黃色。
☆數目：先天七、後天八，河圖五、十。

☆姓氏：帶土字傍姓人。

☆時序：有丑的年、月、日、時。冬末初春之月，十二月至正月，零時至三時。

☆身體：鼻、男性生殖器官。器官為膽、胰臟等。

☆疾病：鼻過敏、鼻炎等疾病。腰痛、脾胃的疾病、膽結石、發炎。有險阻之厄。

☆生產：氣血難產不順，春占有損。阻隔難成，有成也會晚產。

☆婚姻：有利於少男的婚姻，春占不利。

☆天時：山嵐、陰天、霧氣。

☆地理：山徑、近山城、丘陵、墳墓、山林、高地、旅舍、階梯、出口、二樓、倉庫。

☆人物：少男。閒人、山中人、頑固者、貪心之人、警備人員、家族、親戚、同業者、後繼者。

☆人事：受阻隔、宜守靜、進退不決。背叛、止住、不可見、關店、儲蓄、慾念、拒絕、堅固、復活、再起、頑固。

☆官訟：貴人阻滯。官訟未解，牽連不決。

☆動物：虎、狗、鼠。有牙齒之動物。

☆家宅：安穩，有阻礙，家人不睦。春占不安。

☆求名：阻隔無名。宜往東北方之任。

☆謀望：阻隔難成。進退不決。
☆交易：難成。有山林田土之交易，春占有損。
☆求財：阻隔，宜山林中取財。春占不利。有損失。
☆出行：不宜遠行，有阻。宜近陸行。
☆謁見：不可見，有阻。宜見山林之人。
☆性情：固執、不容易改變。做事穩健且受長輩提攜，在實業方面有所成就，如私慾過重將遭朋友排斥而被孤立。不屈不撓，具有重振雄風的毅力。性情保持平和，改變方針時多加注意，則可獲得幸福。好惡分明，好勝且理解力強，自我主義者。

【坤為地】

☆五行：屬土。
☆五色：黃色、或黑色。
☆數目：先天八、後天二，河圖五、十。
☆方位：西南方。
☆姓氏：有土字傍姓人。
☆時序：有未申的年、月、日、時，夏末秋初，六、七月。下午二至五時。
☆身體：腹部。器官為胃。
☆疾病：腹部、脾胃腸方面的疾病、胃病、胃潰瘍。過勞，或機能老化。

☆生產：易產。春占則難產或有損等，不利於母親。

☆婚姻：吉利，春占不利。

☆天時：多雲、陰天、霧氣重、陰氣重。

☆地理：田野、鄉里、平地、故鄉、黑暗、安靜之場所，工作場所。

☆人物：母親。妻子、老婦、農夫、鄉人、大腹人、溫順的人、平凡人、勞工、副主管。

☆人事：柔順、吝嗇、儒弱、樸實、勤務、傳統、拖延、空虛、認真、厚、靜等。

☆官訟：順從道理可得眾人同情。訴訟可當和解。

☆動物：牛、牡馬、家畜。

☆屋舍：西南方向。村居、倉庫、田舍、矮屋。

☆家宅：安穩、多陰氣。春占宅舍不安。

☆求名：有名，宜西南方，教官、農官之職，春占虛名。

☆謀職：有利求謀。可在鄰里中求謀，春占少遂。或謀于婦人。

☆交易：利交易，宜田上交易，五穀雜貨、重物、布帛，靜中有財。春占不利。

☆求財：有利。宜土中之利、賤貨、重物之利。靜中得財。春占無財。

☆出行：可行，宜向西南行。春占不宜行。

☆謁見：可見。利見鄉人、親族、家人，春不宜見。

☆性情：外柔內剛，腳踏實地可獲成功。勤儉致富。缺乏創意與決斷力，但工作認真踏實，而且個性柔順。在組織中受人信賴，適合輔佐性質的工作，副手。

第八講　易經的學術傳承淺說

【何謂易經的五術呢？】

◎山、醫、命、相、卜

一、卜　易經卦理：主要針對單一事件之善惡、真假、吉凶來預測了解。

二、相　主論宅相：即陰、陽宅。之磁場變化與所居住埋葬之人氣磁場生剋互動喜忌影響。有如，面相、手相……等。

三、命　四柱八字：（實為命理之首）、紫微斗數……等，為一個人之中心主宰。而來討論分析下列幾項：

1．性情---外在行為人際表現。

2．個性---內在情緒思考。

3．興趣---即屬現代心理學中性向分析、潛能開發、

4．才能---係等研究學習的範圍。

5．與成長年歲環境的互動關係。

6．與人、事、地、物、時的互動關係。

7．陰陽五行生剋旺衰之喜、忌神了解。

8．四季五行運轉的寒暖影響。　即屬靈體氣運吉凶好壞的研究範圍。

9．神煞氣運旺衰的影響。

10．會、合、刑、沖，大運、流年等。即屬外在氣數的衝激變化而來預測吉凶。

四、醫　即中醫藥學的基本藥理。另包含五行氣脈的瞭解，及氣功等養生之學的研究。

五、山　即有如道家的修行悟道，和佛家的涅盤證道，是相同的層次，也是易經的最高研習層次。

也因有著「經典」和「五術」的分別，而造成許多學生無法很清楚地認知易經的「定位」，更造成在學習易經的過程中，不知該選擇「經典」還是「五術」，也無法分別這兩著之間的差別，所以為何我會建議一般的學生，不要一入門就去買了屬於「周易」的書來看，因這是比較偏向經典的書籍，對於想要學著問卜吉凶的人而言，是會很失望的！

【易經的真正精神宗旨：占卜學術演化】

從咒術到龜卜的占卜運用：

早在殷商「甲骨文」時期就已經在記載著易經的卜筮文了！

中國自數十萬年前就居住著原始人，目前所能考據的約在商王朝。但傳說在商王朝之前，就有著三皇時代「伏羲」、「神農」、「黃帝」，然後有五帝時代，還有殷商之前的夏王朝時代。三皇時代的伏羲氏，傳說創出「易」的八卦，並教導人們學會用火。神農氏澤教導人們農耕、醫藥和物物交換流通的方法，也制訂了「易」八卦的圖像，即為「先天八卦圖」。

黃帝更製造了舟車，使交通更方便，並且觀測天象，創作天文之書，演出算數制訂日曆，設下「天干」和「地支」，應是為中國：算數：的源由。往後歷經了夏朝、商朝，都有為數不少龜卜之文，就是現在被考古挖出的「龜甲文」，都已有初略在描述著易經的文化了。

那時的易經並不稱為「周易」，而是稱為「連山易」或「歸藏易」。「周易」是從周文王重新制訂了易經的卦象、卦意、卦辭後，才確定現在易經的大概架構，而一直沿用到現在，所以現在我們也將「易經」稱為「周易」，將以「周易」卜出來的卦象，稱為「文王卦」。

【周易的形成】

而現在的「易經」，被認為是在周朝所完備而創始的，也因此「易經」而被稱為「周易」了。

占易以周朝最為盛行，應與周文王和周公有著非常大的關係，據文獻記載，周文王被紂王當人質軟禁在羑里，在獄中以蓍草來算卦，並重定八卦方略，改以四方八向為經緯，而定出了「後天八卦圖」。

所以稱「先天八卦」是以天地上下定位，為體。

「後天八卦」則以四方定位，為用。（故現今一般八卦的運用，如陽宅、八字、五行……幾乎都是以後天八卦的排列方位來使用）。

周公是制訂了周朝整個的制度和理法，也為往後中國的君主制度立下了三千年的典範，當然更是為易經寫下了「爻辭」，而將「易經」做了最完整初步的整理和編纂。

在古代因卜筮、祭天是非常重要的大事，所以均設有專人的卜官在負責，一般人是不能隨便來學讀易經的，也因此而被民間視為是很困難和神秘的學問。但是卻在春秋時，因為孔子以有教無類的精神和作法，將治學給廣傳了出來，也寫出了對易經最詳細的批解「繫辭傳」，更因此使易經融為儒學之中，而成為六經之中的經典。

【孔子的繫辭傳】

易經的書籍，在古時一般可分為兩大項目，是為易經經文和周易翼傳兩種。最早的應是孔子的繫辭傳和序卦傳，而後的彖傳和象傳……。經文，是以六十四卦的卦意占辭為主，加以編纂而成的，編纂的時間約在周朝初期，或是春秋中期，也是非由一人所編成的！

翼傳，翼者表示翅膀輔助的意思，作為輔助瞭解經文的書集，有所謂的十翼傳，分別為繫辭傳、彖傳、象傳、文言傳、說外傳、序卦傳、雜卦傳……等書籍，均是為易經做註解的書籍，其寫作的時間更是淵遠各朝代，歷朝歷代均有先賢聖哲為易經做註解出書。

這些書籍均是瞭解易經內容不可缺少的，通常與經文合編在一起，而稱為「周易」。

【五術祖師爺——鬼谷子】

春秋戰國的易經演化——鬼谷子，王禪祖師的易經五術說。

易經因為孔子的發揚，略褪下了卜筮鬼神的色彩，而成了儒家學術思想的經典學問。但是在戰國時代，百家學說爭鳴，人才奇士倍出的環境下，終於出了一位中國的五術奇才，

王禪祖師——鬼谷子，是為中國五術奇門遁甲的開宗祖師，他的門派門人倍出，最為有名的就是孫臏（孫子兵法的作者）；龐涓和蘇秦。也因此而將易經的學說劃分為「經典」和「五術」的最大淵源，從此讓易經漸漸淪為民間卜卦算命的江湖之術。或許這也非王禪祖師當初的用意吧！但是由此也更可看出易經的廣博性。

【漢朝時代的易經】

經由周朝、春秋、戰國以至秦始皇統一六國，而焚書坑儒，因易經被認為是卜筮的書，而未被焚燬，給大量保留了下來。

所以到了漢朝，易經非常的盛行，因為漢尊崇儒學，而孔子道統的繼承者田何，和其門生都有很優秀的表現和宣揚。其中有一門生夢喜，也學以（陰陽災害）或（卦象卦數）來說明易，於是以配合易經的五術、五行觀念來宣揚，在當初即與正統的孔門儒學產生很大的衝突。

但爾後夢喜的弟子，焦延壽及再傳弟子京房（著有京房易傳），更加以五術之

說發揚，也成為當時盛行的學說門派。

另有一位叫費直的人，沿用易的古文來占易，並以彖傳、繫辭傳、象傳……等翼傳書籍，來占易解卦，也成為當時的另一特色。

經過西漢末期的動亂，來到了東漢，儒學也再度地盛行。古文學的研究，使的費直的古文易，受到學家的重視而盛行。像鄭玄、馬融、陳元……等，也編纂不少對易經的著作。

因此在此時對易經的解釋，大概就分為二種，其一以象數為主，用以卦氣、世應、爻辰、消長、納甲、五行旺衰……（此為五術的解法）。其一為以事物的道理、人道為主，即以義理為主。用以翼傳等的書籍內容來解說。（此為經典的解法）

【從三國到唐代的易】

在三國時代最有名，首推蜀國的諸葛亮和吳國的虞翻，都是擅長卜筮和醫術及奇門遁甲之術。

但是魏國的王弼卻是支持費氏的古文易，並加以老莊的學說來說明註解，使得到晉朝後太偏向於鬼神之說的五術易數之說漸被摒棄。也被摒入了江湖九流之術的民間密學。

到了唐代，孔穎達編纂了「五經正易」，而被認為是易疏之學的集大成者。在五經正義中的易，是採用王弼的易說，是屬於經典之易，以後漢朝以來的象數五術之易就漸漸地衰退了！

【自宋代到清代的易】

宋朝時由於印刷術的發達，使得學術文化也有了高度的發展。歐陽修、胡瑗等名哲，對於易學的研究都有很深入的著作提出。

最有影響的人應是紹雍（紹康節），精通先天象數、春秋，將易經的象數五術之學，又賦予了新的風貌和解說，更自創「梅花易數」等，另一種卜卦的方法。

爾後的周敦頤，被稱為理學始祖，亦著有「太極圖說」、「通書」等著作。程伊川和其兄長程明道世稱二程子，其學說後來流傳到日本，成為日本儒教和易學的正統派系。

伊川先生後來和朱義（朱子），皆採義理經典之說來解釋易學，而與朱子的「朱子本義」合稱為「程傳朱義」。

【明初的黃金策】

易經到了明初，有了劃時代的著作出現，明初的大師——劉伯溫（又名劉誠意），寫下了諸多的五術易學、八字著作，也將易經卜卦的運用發揮到極致，最有名的是，「千金賦」、「黃金策」和「燒餅歌」、…等，其對陰陽五行方位的精深運用，更建立了明朝宮殿、王陵的規模，北京現存的紫京城，十三皇陵等宏偉的建築，幾乎都是根據陰陽五行的配置來建構的。

【易學和佛學的融合】

明朝另一位高僧大師「藕益大師」，也精深易學之說，而將天台宗的教義融合易學來解釋，並著有「周易禪解」，更進一步說明了易學和佛學的相通性。

「藕益大師」另一有名的的註解，就是佛門的占卜專書「占察善惡業報經」，是由「地藏王菩薩」所演說傳承的占卜經典，對於有興趣易經的人，此部經典也是非常重要學習的占卜專書，老師也有另一本著作「佛門占卜專書」，就是針對此經典給予重新批註改編。

另外尚有來知德以「周易集註」而著稱。將卜出的卦爻重新排組，以錯卦、縱卦、互約卦和變卦來批解卦象，是明清易學的另一特色。

清初以來，盛行文字獄，使得易學的研究又進入另一番風潮，此時其中野鶴老人所著的「占卜全書」和山屋老人王洪緒所著的「卜筮正宗」，是專為註解「黃金策」所寫作，而成為近代要進階研讀易經的必讀之書。

【傳統對易經兩字的解釋】

易經的由來是非常神話、傳奇的！就如同倫語一般並非是一個人所著作的，而是經由許多聖賢先哲不斷加入他們的學識和心得，累聚而成的一套學問。

關於「易」這個字的由來，在漢朝許慎所著的「說文解字」和清朝段玉裁所著的「說文解字注」中有很詳細的解釋。

一般通俗說法為，「日月說」和「蜥蜴說」。日月表示「陰陽」，而蜥蜴則表示「可變化的」！根據「說文解字注」，所謂蜥蜴說的「易」字事象形字，上面的「日」是蜥蜴的頭部，下面的「勿」則象徵了四肢，同時蜥蜴的顏色也會隨著環境而改變，所以「易」的本質，就顯現出也是會隨著不同的背景環境，而有著不同的意思，它是可變的！更可說明人們在漫長的一生中，必須面兌無數的變化，而改變生活的方式和想法事很重要的！而易經的內容便在說明此種變化，告訴我們在不同的環境下該採取的對策，這也是「蜥蜴說」受到認定的理由。

而「日月說」。「日」象徵陽，「月」象徵陰，則是在演譯表示天地自然萬物的生成因素，因此日月合起就成為「易」字了！

【西漢的三易說】

西漢鄭玄曾經簡明地說出「易」的含意。根據鄭玄所說，「易」這個字中，含有三個意思，那就是「簡易」、「變易」、和「不易」。

「簡易」，（易經的第一層次）表示易將自然界的原則，以陰陽二元來說明，簡單容易來瞭解。也表示易經的卦意，是非常生活易懂的，如同我常說的，六十四卦的卦意，簡單的只要國中的國文程度，就能全部通曉明白的了。

「變易」，（易經的第二層次）則是指自然界中有著春、夏、秋、冬的變遷和晝夜的替換，一切都在變化進行中，同時每一刻都在不停的變化中，而易則是在說明此種變化，並教導我們的應對的方法。

「不易」（易經的第三層次），更是深入地指出，自然界的萬物，雖有著時時的變化，可是在萬變中，確有著其不變的法則，也就是在複雜多變的萬物中，會存在著一定的真理和定則，當然這種層次並不是，一個初學易經的人所能夠體會的，如同佛學中的「空無」，實卻非是真空，或許在易學的體悟中也能和佛學相會通吧！這也真正說明了為何，「易經」是個很深廣的哲學，是與佛學同等能醒悟人心的學問，只可惜被一般世俗利慾之人給誤用了吧！

【易經卦理與八字論命的不同運用】

老師曾比喻過，一個人的命運，就有如「一部車」般，不同的命有不同的性能規格，批算「八字」，就是告訴我們，這個命的性能，適不適合開到山裡去、海邊去！可不可以把它超到二〇〇公里！而卜卦呢！應該就像是在打電話問「路況」那樣！或許，你的車好、命好！直衝二〇〇公里，前面卻有土石流，你衝過去照樣被淹沒掉！或許，你的車不好、命也坎坷！卻是走對了路，一路平坦，雖然衝不上二〇〇公里，一樣安然的到達理想中的目的地！

所以，一定要瞭解「八字和卜卦」，所能幫我們不同的問題和範圍。

八字：瞭解自己的性能，如個性、才能、性格、興趣、適合的發展方向、工作、學業、結交的朋友、結婚的對象、、、、等，影響時效是長遠的！是大範圍的！

卜卦：就像問路況了！例如：現在做這個投資好不好？這個男朋友適不適合我？選哪一所學校較好？、、影響時效是短暫的！是小範圍的！

第九講　縱使神通算盡天下百態，到底如何才能真正知命、改運呢？

【研究易經、命理最大目的，是什麼呢！】

人類文明會不斷的進步，最大的根本，就是在於人能夠不斷地學習、檢討、思考……想辦法使自己過的更好！這也是先人、聖賢會創設出這一套易經、命理最大的原因所在。

把這麼精深的學問，說成是【算命】！真是有點不敬、不懂！老師絕對不會想像自己好像是個「算命仙仔！」，所以，有時看到滿街的「算命館」，就覺得這些人好可惜，為何沒有好的機緣，而能把易經的學問給參透呢？

易學如同【佛法、佛學】一樣，是可以幫助我們來瞭解【生死】，進而解脫於此【六道輪迴】之中的一種法門！所以，

易學第一步：是告訴我們，凡事要先能【知】。

知：自己／知：本性／知：進退／知：吉凶／知：真實／知：虛假／知：鬼神……／知：過去／知：未來……。

有所【知】，才能有智慧、明白事理、不被迷惑、不畏懼……。

易學第二步：就是要【行】。既然已經知道了，當然要進一步的來「行」

，確實的來作、來改善，吉象要懂得珍惜，凶象，要趕快來反省、檢討，尋求改變的方法，虛心、謙卑的來請示佛菩薩的教導。

易學第三步：明白了事理，更要進一步有所【了悟】。

悟：生死／悟：因果／悟：業障／悟：真理……。

如此一來，有知、有行、有悟，所有業因、障礙，一切明白在眼前，再循序將問題、障礙一件件的解決處理，哪有無法改變自己惡業、厄運的呢？

【命從何而來？運如何來生？】

科學家的研究，宗教的探討，都清楚地告訴我們，人除了一個（肉體）外，更有一個【靈魂】的存在，所以我們的「命」，就是由這個「靈魂」在主導影響著！

那「靈魂」又是什麼呢？……在易經中，靈魂有著主要三個「靈體」來組成，又稱為「三才魂」天、地、人。

天：為累世輪迴投胎之間的魂魄，可能從仙佛降世、可能從人來轉世、可能剛從地獄出來投胎、可能也會從畜生道來轉世……而這些魂魄都會帶著前世、或累世之間的業果，再重新來投胎。

地：為所出生投胎家族的【共業】，科學家稱為「遺傳」吧！因此，才會有「福蔭子孫、禍傳三代」的說法。而祖先、父母的福禍的確也是會影響到我們的！

人：為後天自己的「修為福禍」了！所以，論命、知命，就像生病看醫生一樣，一定要知道毛病、病因，是在哪裡？如此才能對症下藥的來醫治改善。因此，天、地、人中一定會存在著會影響著我們的業因來造成我們的壞運、不順利，因此以卜卦的方法，將那些業因找出來，到底是個人累世的業因，還是受到祖先、家族的共業，或是祖靈的不安來影響，還是我們後天的過錯疏失來造成的，將問題點找出來，自然就能來改善壞運，而能轉運、改運了！

【論三世因果與改運之道】

◎ 前言

老師從來都不相信「宿命論」，更是堅持「人定勝天」的道理，只是一個人所有的努力，都必須符合天意、符合正義公理，而不是想要做壞事也可由「努力」來達成的！所以人類文明的進步，就是在這種積極求進步、改善困境、解決問題中產生的。

老師常會說，若是人無法來改運的話，那根本就不需要有佛菩薩、神明的存在了，會有佛菩薩存在的最大原因，就是要來教導人們如何來求進步、解決問題，並不是要你拿著香去寺廟裡呆呆的拜拜、求保佑的！其實真正能保佑人的，還是自己吧！

那若是不順從「命運」，我們是不是根本就不需要「算命」、「卜卦」、研究易經八字了嗎？

其實，這不是一個「二分法」的觀念！老師常以為，任何一套學問絕對有它存在的價值，也更有它值得我們去學習的重要。尤其是關於「易經、八字」這類長期被人誤解的學問，更需要我們用很正確、科學、客觀的角度來去瞭解它！

◎何謂三世因果

這是在佛法裡所提到的觀念，釋尊啟示我們，人是會「輪迴轉世」的！甚至包括天下萬物也都是在這「六道輪迴」之中。既會轉世，當然一個人就會有著「前世」、「今世」、和「來世」的連帶關係，所以佛菩薩才會不斷苦口慈悲地勸誡我們，要多行善事、多積福報，才能解掉前世的「業因」，並進而累積「來世」的善果！所以，在「三世因果」的驗證下，我們今世的許多業因、挫折、和報應……是不是會因為前世的業報而來產生呢？其實，這個答案是肯定的！

◎易經八字的三世因果

有許多人對「命」很相信！也有許多人對「命」很懷疑！但是就老師二十幾年對易經的研究，及這幾年在佛法的體驗中，得出一個很深刻的心得，就是：「命是要去瞭解的！而不是要去相信或排斥！」

老師從高中時期就很喜歡研讀有關心理學的書，也常在「救國團張老師」、「生命線」當過義工，曾記得一位很有名的心理學大師說：「心理學！就是要幫助人如何更加清楚明白地去瞭解一個人，在瞭解之後想辦法改善缺點、發揚優點，使人能更進步、更成長、更美好！」

所以，心理學跟易經八字不都是一樣嗎！研究的不就是一個人的「心性」和「行為」嗎！

只是在易經八字的「論命研究」中，比一般的心理學加進了「三世因果」和「無形靈魂」的觀念，以致易經比心理學範圍更深入到無形的層次，所以西方的心理大師「榮格」，更是稱易經為「超心理學」呢！

◎ 如何由易經八字得知業因的影響

老師常說，八字是一個人的「性能、規格」，那是以有形的心理學層面來看，若是以無形的「三世因果」來論，在八字命局中有以下的情形，大概就是帶著前世的業因會比較重，而會在今世的人生運勢中帶來許多挫折和打擊！

若以八字的觀點來看：

1．八字五行中，其中一個五行過多之象。即稱為偏旺，個性、情緒會有較大的偏執，尤其是未形成變格 者，更加嚴重。

2．八字中「印」過多者，如正印格之人，四柱中有三個印以上，一生中不如意之事會很多。所以印多的人，通常都有很深的根性和「佛緣」，極容易出家或修行拜佛。

3．印多，尤其是「偏印」者，更是會在一生中遭逢很大的變局，因而家庭離散、孤寂無助，甚或精神異常、抑鬱終生。

4.八字中有兩種五行都透干很旺，但卻是兩相沖剋。如有三個食神，卻又有兩或三個偏印，偏印剋食神，大凶的命局。

5.本命元神與命格的特性、性情相差過大，那會造成多重個性的衝突和矛盾，也就是表面行為和內心觀念常會矛盾、打架。如：本命元神為甲木或戊土，應是個性保守、耿直的人，但命格卻是「劫財」、「七殺」那種衝動、刁鑽、不循正道的性情，所以內心常會矛盾、煎熬、不安就是必然的了！

6.本命元神過弱的人，也是業因很深的！身過弱，健康必然不好，自幼就會受病痛的折磨，而且更是容易就被「煞氣」、「業因」所剋傷，可能鄰家有喪事或是去醫院探個病，就會生個大病。

7.八字中男命「劫財」，女命「傷官」過多。易剋傷妻子和先生，導致家庭離散，也是在前世中因感情債太多的因果。

8.八字中「正財、偏財」過多，尤其是在年柱父母宮，易剋傷父母，表幼年就會成孤兒，或是會敗盡家財，這也是與父母之間的因果債。

【改運之道】

◎既然已知業因！要如何改運呢？

在十幾年的上課、卜卦、論命服務中，幫過不下數千學員、信徒，老師似乎永遠總是說著，要如何改運！只有一句話，就是「積福消業、修慧造命」！

什麼意思呢？難道改運不是看個「好風水」，取個「好名字」嗎？其實錯了！

「好風水」、「好名字」，是在「五常」之中，講的只是如何稍微來調整一下稍不順暢的「氣運」小小的幫助一下，若是針對大的本命業因，那根本就是完全沒效的！

所以，老師常苦口婆心的提醒大家，絕對不要相信網路算命、民間神壇、或某位大師的誇大又美麗的謊言，稱改個名、帶個天珠、畫個符、燒一些補運金、發財金的金紙…，就可以幫你消災求財又改運的！那些都只是為了騙取你的錢財吧！發財絕對是他，不會是你的！

「積福消業、修慧造命」！才是唯一絕對的「改運」法門！

而且重要的，都要你自己親身來做，絲毫不能請別人來替你做。

還記得，前幾年「達賴大師」來台灣宏法，竟然有數千人排隊等著祂灌頂加持，真是看在眼裡、感嘆在心裡！大師自己也開示直言，自己若是平時不精進好好修持，就是「釋尊」親自來加持也是沒用的！

那要如何「積福消業、修慧造命」呢！

「積福」：

就是時時做好事、說好話，幫助弱小、貧困的人，常常參加義工活動，經濟充裕就多行佈施財施、修造寺院！如此這樣，一些前世的業報、厄運，就會「重業輕報」，困難挫折會比較容易度過，也會有貴人、菩薩來幫助、庇佑我們。只是，此時說要完全改變掉本命之中不好的格局，可能還是沒有辦法的！所以說：「積福只是消業」而已！

「修慧」：這個學問可就大了！

「修慧」在俗世中就稱為「精進、努力、發憤…」。

所以老師才會認同說「人定勝天」的，就是要努力、再努力…！自然就能夠改掉先天本命中不好的命格，像是阿扁為何能當上總統，是祖先的庇蔭福報、還是前世的善果呢？其實，最大的原因是他的「積福消業、修慧造命」！

積福消業：為黨外的正義公理，不怕牢獄加害而來當律師。

修慧造命：從小努力不懈地用功讀書、精進。

而在佛法中的「修慧」，就有非常多的層級了！

最基本的就是「六度波羅密」，也就是六種「修行」、「修慧」的方法和層次。

「一佈施、二受戒、三忍辱、四精進、五禪定、六開慧」，這也是老師目前正在做的、最重要的「修慧」功課！

透過這樣「修慧」功課的作法，自然就會給自己帶來，一個完全不同的人生價值觀，對人、對錢財、對名利、對感情、對親情、、總總等等的看法，都會有很大的改變，在這改變當中，自然命中的很多不好的業報、厄運不也是跟著轉變了嗎！

所以，命運是可以改變、改造的！老師常說，有兩種人是不必來「算命」、「卜卦」的，一種是「發大心願的人！」一種是「修慧精進的人！」

他們的命早已改變掉了，都已經掌握在自己的手中了，哪還需要算呢！

第十講　卦象實例講解運用

事業、感情、財運、身體…等

【卜卦前的正式皈師迎請拜佛】

老師一再強調的重點，易經主要是用來與「先佛、菩薩、神明」溝通的一種儀式方法，所以在卜卦前，先將自己皈師在自己所歸屬信仰的佛菩薩、神明下，就是一件非常重要的事情。

因此在學習易經開始卜卦前，可以選定一個清靜、清閒的日子，來正式的皈師迎請拜禱，一般人家中若有設置佛堂、神明廳，那是最好不過了，若是沒有在家中供奉菩薩，也可到附近常去拜拜親近的寺廟，向自己感覺親近的神明、菩薩來皈依，例如觀音菩薩、關勝帝君、媽祖、、、等都是可以的。然後準備一些鮮花素果，點上香燭，正式來向佛菩薩、神明叩拜稟告迎請。

例如：

（第一段）觀音菩薩在上，佛門三寶弟子：□□□，今日一心虔誠向菩薩祈求稟告，弟子有幸能有此福報和智慧，來學習易經卦理，今後祈望菩薩慈悲加被，能以易經中的卦象、卦意，來指示弟子所求問的事項，給弟子指引心中的矛盾和疑惑，更加能增長弟子的智慧，學習更圓滿為人處事的道理。

（第二段）弟子願發心願，能以此易經卦理來為眾生服務，祈望菩薩能透過卦

意的指示，來渡化有情娑婆世界中的芸芸眾生，淨化人心、引導開示眾生愚痴的心智。並祈請菩薩，能感念弟子的慈悲願力，以神力護法來護持弟子的本命元神，勿使外魔入侵，擾亂影響弟子的心神。

備註：一般人初步的學習，只為自己來卜卦，只要叩拜稟告第一段即可。若是有需要常幫家人、朋友、同事來卜卦，或更進一步的來修持學習時，第二段的祝禱迎請，祈求菩薩、護法來加持、保佑我們，就非常的必要了！

若是家中沒有設置佛堂的學員，老師會建議盡量還是到鄰近，或是平常有去拜拜、修持的寺廟，來向自己有緣又親近的菩薩、神明，來做以上的正式皈師，如此往後就不會發生卜卦不準的現象來了！

【準備好固定使用的器具】

初階老師是以「米卦」為重，因此請隨時能夠準備好米粒，用紅布袋裝好，（老師是用一般銀樓裝珠寶戒指的紅布帶來裝），再將此紅布袋以碗放好，供奉在神桌上，或是乾淨、清靜的地方，絕不能隨便丟置。

【開始準備來卜卦了】

1．尋一乾淨、安靜無人吵雜之場所，客廳、辦公室、臥房、佛堂…均可。

2．淨身：即先上廁所洗手臉、漱口，整理儀容。可在自家中點一檀香。

3．將準備好的法器，紅布袋米粒恭敬的取出。

4．在紙上清楚寫下日期、時間，問卜之人，和所要卜問的事情，寫的越清楚明白越好，也可以同時寫上幾個不同的問題。

例如：卜問感情　1．與A如何？　2．與B如何？　3．與C如何？

5．靜思：備好清水一杯，將此水小口緩緩喝下，以靜心思。

6．雙手合掌，閉目冥思禱求，將所求卜之事在心中默想七遍。（向所皈師的神明或菩薩，來祈求祝禱）

例如：觀音菩薩在上，弟子□□□，今天心中有疑惑困難為……請菩薩慈悲為弟子以易經卦象，來指示弟子一個吉凶方向。

7．然後以右手拇指和食指，將米捻起三把，分開放在紙上，並時時仍冥想所求卜之事。

8．將三把米粒分別數好記下，再以老師的定義，將卦象劃出寫下，寫為一個成卦，表現在所卜問事情的狀況。再有一個動爻，即有一個變卦，即表示未來可能之發展。

9．將此成卦和變卦，詳查六十四卦的卦意吉凶來批解之。

（備註：若對於卜出的卦意還是不甚瞭解，老師歡迎學員可以隨時打電話或是發e-mail給老師，或是上網「易學佛堂 www.kunde.org.tw 」看看易經教室裡的心得討論，也有會很大幫助的，畢竟卦意的變化很靈活，有時以文字來解釋還是難清楚的。）

（四明老師行動：0936.299295　www.kunde.org.tw）

例一：A小姐卜問與B先生的感情未來發展如何，是否可以來結婚？

卜得：山火賁變艮為山（米粒為11、12、7。下卦11÷8餘3為離火，上卦11+12=23÷8餘7為艮山。故成卦為山火賁。動爻7÷6餘1，為第一爻變，陽爻變陰爻，故火變為山，變卦為艮為山）

成卦

山火賁

變卦

艮為山

【批解】

成卦：賁，為掩飾的假象，可見這一段感情，已有不實在的凶象、假象在裡面了。

外卦代表被卜的男方，內卦代表女方，外卦為艮、為止，表示男方其實是比較木訥，或是沒有這個心思的。而內卦為火、為熱情，表示是這個女方一廂情願的感情。

變卦：山，為停止的意思，而且動爻在內卦的女方，表示女方應會死心，而來認清事實的真相，終止了這一段的感情。

例二：A先生卜求，想要與B朋友合夥開店做生意，不知是否可以？

卜得：火風鼎變雷風恆（米粒為13、6、6。下卦13÷8餘5為巽風，上卦13+6=19÷8餘3為離火。故成卦為火風鼎。動爻6餘0，為六爻變，陽爻變陰爻，故火變為雷，變卦為雷風恆）

【批解】

成卦

火風鼎

變卦

雷風恆

成卦：為鼎，三足頂立，共襄盛舉，穩固不動的好吉象，因此這個合夥事業是很好的。

變卦：為恆，一種恆久不變的情況，所以彼此的合作應該是有非常長久的時間。屬於好的發展情況。（註：恆，是個狀況卦，並未說明吉或凶，只是一種維持長久的情形，因此好事也會恆久，當然壞事也有可能恆久不改變的哦！）

例三：若是以上面的卦象，並非卜問合夥開店，而是卜問感情婚姻呢？

【批解】

成卦：鼎三足頂立，共襄盛舉，在感情上「共襄盛舉」可就慘了！幾乎可直斷有第三人的外遇現象。

變卦：為恆，一種恆久不變的情況，所以這種三人的外遇關係，應該還是會有非常長久的時間，難以解決的。

（註：有沒有覺得易經有一點神奇變化莫測了！所以卦象只是代表一種「意思」，要如何來運用批解，就完全以所卜問的事情和背景來回答的，因此寫清楚、想明白，要卜問的事情是很重要！）

例四：卜問自己今年能否考上大學？

卜得：天火同人變乾為天（米粒為11、6、8）

成卦

天火同人

變卦

乾為天

【批解】

成卦：為同人，有志一同、心想事成、順遂自己的心意，當然是可以金榜題名。

變卦：為天，更是可以高分上榜，因天，是表為主管、領頭的人物。故為吉象。

例五：若是另一人卜問身體健康，也是卜出上面的卦象，該如何解釋呢？

【批解】

成卦：為同人，問健康，是為「歸魂卦」，動爻在二爻離火動，表病痛在眼睛或心臟，而且應有受到沖煞的影響，吃藥醫治可能效用不大。

變卦：為天，是在頭部，所以可以論斷應是「眼睛」出了問題，腦的血壓也太高，以此兩卦來看，應盡快祈求菩薩、神明的保佑，才能順利化解，否則凶象很不利。

（註：若卜出類似此種歸魂、遊魂卦象或是不好的凶卦，建議應再繼續卜問下去）

例六：續上卦，卜問該如何來治療或化解以上的身體健康問題呢？

卜得：澤火革變雷火豐（米粒為11、7、11）

成卦	變卦
䷰	䷶
澤火革	雷火豐

【批解】

成卦：為革，表示需要改革、改變之象，因此原有的醫治方法是不行的了，動爻在五爻，為外卦動「澤變雷」，需向外面來求治，而且雷表示要很快、積極的來動作，不可拖延。

變卦：為豐，表豐收有成之象，也就是要趕快的動作來處理，趕快去拜拜祈求菩薩保佑，然後改換醫院醫師來治療，雷表示「東方」也最好往東方的醫院來找，自然就會出現豐收有成的吉象來，根本的治療好這個疾病。

例七：A女卜求與先生的婚姻感情未來發展如何？

卜得：地澤臨變山澤損（米粒為10、6、6）

成卦 ䷒ 地澤臨

變卦 ䷨ 山澤損

【批解】

成卦：為臨，表示歡迎光臨！對於婚姻而言清楚顯示出，男主人是比較具有權威的、主控性的，而女主人也滿能接這種情形的，以家庭來論可以稱為吉象。

變卦：為損，表示未來情形可能會有所改變，而造成對女主人有點損傷，而且外卦有動在六爻，「地變為山」，表示男主人的心境正在轉變中，由負責任、柔性的母性轉變為艮山的少男情懷，故論斷男主人應會有感情外遇的情形產生。但是以「臨」卦來看，是大概以逢場做戲，滿足「君臨天下」的駕控感，建議女主人以柔性、理性的溝通，才能圓滿解決問題，切記強烈的吵鬧、爭執。

第十一講　六十四卦卦意詳解

一、☰ 乾爲天　乾金八純卦

■乾象體：

天體運行，為最健之象。晝夜四時，循環不息，為至健。君子效法天象，以進德修業，念念自強不息。

評曰：龍示變化之象，萬物資始之意。

■卦意判斷：

此卦為純陽至尊之卦，居六十四卦之首。乾卦為剛健、旺盛、運動、生生不息，且變化無窮。在事為大事，在人為大人，為君，為父，為尊貴。得此卦者，宜守其舊常，又宜靜從於人，若張己意，貫己志者，必將誤事而後悔也。

得此卦者，其人個性必屬剛強且倔強，對於旁人之勸告，多數不能夠接受。有外實內虛之象，故凡事不可妄進或過於剛強，否則有災。若女性占得此卦，必是眼光過高，虛榮心強，愛面子，愛逞能。

又乾卦陽剛重，亦有如意繁榮之象，但若過於驕傲剛強者，不可言吉。尤其婦人不可專權行事，唯我獨尊，故此卦不宜婦女。

■卦象參考：

有居住不安寧，破財之兆，慎防血光，色慾，蒙難，對錢財有勞思之苦，此卦進有悔，退無災，若過份遲滯者又恐有失時之虞。

【總結批論】

天：表示極陽之象，為純卦、六沖卦，是大好、大壞的卦象。對事一般為吉象，為主管、負責任，可以任用擔當大事，或開業當老闆，得此卦都屬吉象，只是必須有一個好的助理更佳，對升官、考試、升遷都較有利。

但對於與人相處的事項，則較不利，個性固執EQ不高，難圓融、堅持己見，難將事情圓滿解結，與家人、同事的互動一定不好，論及感情、家運、婚姻都非吉象。

尤其是對身體健康，最為兇險，因固執剛愎，所以在腦部方面的疾病最多，也難醫治好，如：中風、腦神經衰弱、神經麻痺、頭痛、腦瘤…等。

天：有表示「神明、仙佛之意」，得此卦需注意有無褻瀆神明之象。或是已得神明靈氣的降臨，需儘快供奉、參修了！

【應用】

運勢：有地位擢升、名利雙收之象，功名榮顯得貴子。六親和睦，凡事謙和為貴，可吉。

愛情：彼此之間切勿逞強，摒除自我主義的觀念方可成就，但常有鬧意見之情況。

家運：幸運興隆，須小心口舌爭論之象。

胎孕：有不安之兆，宜小心保養。初生女次生男或雙生吉。若是男兒則健康平安。

子女：男多於女，兒女健康，幸福有為。

週轉：雖不成問題，尚宜心平氣和來處理。戌亥日可。

買賣：小利可得，大則勿取，勿太張揚為吉。

疾病：八純卦占病為嚴重之象，為頭部或神經之疾。雖此卦占病大凶，需再看變卦來活解若為吉，宜細心調養。

等人：一定會來。

尋人：已遠走高飛，不易找到，在西北方向。

失物：須一段時間，在西北方可以找到。

旅行：夏季不宜，勿行南、北，其他可。

訟詞糾紛：有理，據理則吉。

求事求職：有貴人提拔，可發展，稱心。

考試：有望。

改行：不宜。

二二、䷪ 澤天夬 坤土五世卦

■夬象體：

澤上於天，澤為蓄水池，積滿則氾濫成災，勢可滔天，為決去之象。其體六爻自初至五皆陽，五陽盛長，勢在決去上六一陰爻。一陰孤立，被去決之意也。

三月卦：春平　夏吉　秋吉　冬凶。

評曰：蛟龍登天之象，羶羊觸喜之意。

■卦意判斷：

夬乃決也。澤氣登於天上必成雨而下，故得此卦者，恐有過於剛強而敗事之虞。又有物之散亂，受傷害之意，故過剛即凶，萬事宜忍耐柔和為宜，深思熟慮後始能決事。

得此卦者，有心中苦而不安，亦有與人中絕之意。對於住所有辛勞。尤其處理事物勿太果斷，否則有壞事之虞。

男女須慎防色情之損，出入宜小心為要。斷之婚姻，凶卦，有被人破壞之象，但若是再嫁之婚，得以和合，否則多數不成局也。得卦者有高傲溢滿而必招損的現象。

■卦象參考：

此卦澤水置於乾天之上，然澤水必然會下降於地，乃自然之態，然以澤金下觸乾天之金，雙金碰觸，定然有驚動之聲，並產生金器重力碰觸之損傷：又澤水下流，若如人體被金器之傷而血流注之象，得此卦可依此斷論。得此卦者，恐於秋冬之季有血光之災，而此災定與重金屬有關。所傷嚴重部位為頭部，而且是突發之意外，不能防備耳。出入宜小心為要。亦有因赴女性之約而中途出事者。慎之。

此卦均有男女感情之患，因陰爻象徵小人，又小人難制，若去決不利，恐有反噬之災。故宜小心惕勵，於事於人若要摒除邪惡，必先正己，以德服人，則小人自消。此乃易經之哲理也。

【總結批論】

決：表決定、去除或缺失的意思。是個狀況卦，吉凶未定。所遲疑的事情，一定要有個決定不能再拖延，至於如何決定，可視變卦而定。否則在有所拖延，就成凶象了！又因為「兌澤」表少女、情色，因此若卜論與感情有關的事項，大概都必須很小心，速作決定。

【應用】

運勢：日前雖然鴻運當頭，終會遇到困難與危險，凡事不可輕舉妄動，宜隨時警惕自己，留心意外災害。住所可能會有變動，亦有文書、契約之失利，易生錯誤。慎勿傲氣或自以為是，不謙和者定有災。

愛情：男人摒棄女人之象，乃孽緣也，因五陽爻去除一陰爻，有男棄女的爻象。

家運：夕陽雖好，卻近黃昏，往後有陷於驚動、痛苦之境。因此卦有盛極必反之象。

胎孕：無災。母胎宜節食物，且勿發怒氣，否則有難產之慮。生男兒，不久當產。

子女：兒子多，女兒少，有先吉後凶之象。

週轉：可急躁，須誠意，光明之態度可成，否則有不利之象。

買賣：須誠信交易，有失敗破財之害。
疾病：病情嚴重，宜速治療。所患是胃部、頭部和惡性瘤之病症，可能需要動手術切除。
等人：不必等了，不會來。
尋人：宜速尋找，延誤不利。出走之人有生命之危，西方或西北方向，尤其是水邊地帶。
失物：遺失大致可知，但難得之意，西北方。
旅行：不利，途中有難。
訟詞糾紛：不利與人私下爭執，宜尋法律途徑解決。
求事求職：有困難，或得不到好職位。
考試：不理想。
改行：要慎重考慮。開業者不利，如已備妥 小心難關重重。

一三、䷍ 火天大有 乾金歸魂卦

■大有象體：

日麗中天，遍照萬物。盛大富有。離為夏，萬物繁殖之時；乾為秋冬，萬物收藏之時，大有之象。又內剛健，外文明，二五陰陽相隨， 一君統有眾民，有應乎天時，以運行化育。

四月卦：春吉 夏平 秋凶 冬吉

評曰：穿窗明開之象，深谷花開之意。

■卦意判斷：

此卦乃太陽之火在天上照遍大地萬物，庶物萬盛，一陰應上下五陽，五陽爭歸一陰之象，故此卦以陽統眾，以柔有剛為之大有。慎戒死傷疾病、破財等憂患之兆。世上俗情皆一般，成者亦必不成，得者如何？失者如何？諸事物之成敗得失，怡者自如。

得此卦於文學等事，可發達，文學者前程似錦。斷之婚姻必成。男方可得妻家財或入贅上門，又有夫長女幼之象。或再嫁之女宜防有破，男人則慎防美艷之女的誘惑，而招損財之失，女人亦防感情有失。

■卦象參考：

此卦萬物有成，花開之期，然花之開即為謝之始。因離麗之火於乾天之金上方，火剋金也，故必盈極而虧，物極必反，藏之凶象也。故於人、事、物，雖眼前榮達有財緣，切忌得志而妄大，則可亨通。否則反卦為凶也。此卦藺相如送趙璧往秦，卜得之後果還璧也。

卦之運用，須視時、事、人、物之感應及變化而定。此卦上離夏為盛季之期，下乾秋為萬物成熟之時，以象言之，大地豐富而全有，屬至盛之期。然易經哲理教我們須持君子風範，行事光明正大，始能固貞。

【總結批論】

大有：表有很多的收穫。是個吉卦。易經解釋大有卦為，春耕、夏耘、秋收、冬藏，是個努力堅持之後的願望期待實現。很利於投資、合夥、感情、婚姻。但不利於「健康」，因大有卦為「歸魂卦象」，與亡靈、神明有關，尤其是一種神明卦，下卦為「天」，通常有褻瀆神明、對祖先不敬，或是許願未還而遭受影響。病症主為，心火過旺、精神恍惚、不振、頭痛等，屬腦部及心臟、血液方面的疾病，如腦瘤、白血病、心臟病等，服藥治療功效不大，

【應用】

運勢：得時得運，隆盛昌榮也。然卦象藏有盛極必衰的預兆，不得不慎，以期保持其全盛之樞紐，可眾望所歸。有走紅、賺錢之勢，須謹慎不可驕縱。

愛情：可實現理想之吉象。

家運：生平富貴吉利。切勿因富而凌貧，過於傲氣凌人者不利也。

胎孕：有雙生之象。古人云：有月必有日，所以日一月二，陰陽交泰，過月生無事。若生女兒，則賢慧聰明，但將來有凌夫之象。其才顯也。防流產。

子女：兒女有成，父母歡欣之象。

週轉：大有所得。

買賣：交易有獲大利之象，但亦宜審慎行事。

疾病：為高血壓、肺部等疾，治療後可無礙。然其病須注意，變卦若為遊歸魂卦則凶。

等人：會帶來好消息。

尋人：此人為感情或金錢之事出走，宜速找尋，否則恐有走極端之險。以東南再南方再西北三向尋之。

失物：於南方或西北方之高處尋之，可尋。

旅行：可。

訟詞糾紛：大事可成，小事有頭無尾，可尋求木字人是貴人，可得圓滿解決。

求事求職：順利可行。

考試：科甲明登。

改行：可以依計劃進行。開業吉利之時。

一四、䷡ 雷天大壯　坤土四世卦

■大壯象體：

雷聲騰播于天上，聲勢強大無比。雷聲響亮，天空光明，為光明正大之象。又陽象光大，陰象弱小，交序自下而上，四陽盛長為大壯。其德乾為至剛至健，驚為主動，至剛至健，強烈地動為大壯。

二月卦：春凶　夏平　秋平　冬亡

評曰：猛虎生角之象，錦衣夜行之意。

■卦意判斷：

此卦為震雷在乾天之上，雷奮天上之象，其勢壯盛也。又四陽在下，二陰在上，陽長方動，如人之血氣方壯，日大壯。得此卦時，有過於強猛而生過失，又為有勢之力，辛苦之時。又有侮人、罔他之意，故凡事不可妄進，對金銀財寶有苦勞之意。

凡事始難調後可成，求財望事似成而空。凡事有躁動之象，宜慎之。斷之婚姻，不利，成亦不和。婦人若無破相，則有腹肚之疾，三六交動，難成。

此卦男人占得，必有剛腹自用之傾向，女人占得，若問婚姻者，有被強奪其節之情事。

■卦象參考：

動者壯也。乾爻剛而震動，其勢之壯，有利於正道，其所以為大，亦即在於正。任何事物，必須經過正常的發展，始能壯大。觀乎其壯大之理象，而萬物之情況得以歸附，故要保持其光明正大的人格，才不致有物極必反之害。此卦唐玄宗避安祿山之亂，卜得之，乃知不久亨通也。因乾君為金，外之震雷為木，木被金剋，安祿山必退矣。

【總結批論】

大壯：表天上打雷、聲勢浩大，行動迅速、積極之象，但是最易發生的現象卻是「雷聲大、雨點小」虛張聲勢的現象，所以此卦一般以凶象來論。因為對人、對事最忌衝動。此卦有過於不理性衝動之象，容易犯錯。尤其有血光之禍，被人毆打、傷害之意。得此卦，凡事再三思為吉，但對於運動類的活動，卻可視為吉象。

【應用】

運勢：剛強過盛者，若不思正與順，則有躁動之害耳。雖運勢強大，時至當盛之期，但忌血氣方剛。處事欠思慮而遭破運，宜力持和平、順氣，勿得罪人，否則會因此而招來失敗，切勿貪妄。

愛情：有成就，但缺乏仁和謙恭，易遭反悔，須慎之。

家運：已壯大且富有，但亦有似成而空之感。

胎孕：生男。若亥卯未日占六甲，五爻動，子母有難非喜。

子女：兒女多倔強，終致家庭不和與不幸。兒女多有自視太高，目中無人之情。

週轉：勿再三借貸，如此反而不利。

買賣：可成功與獲大利，但往後要小心，有反遭不利之情況。

疾病：所患為急性肺炎、腦病等，大致凶。尤其平常健壯而臨時起病者不利。

等人：遲來。

尋人：為鬥氣而出走，若尋找途中不見，則難查下落，東方或西北方。

失物：大多已失。

旅行：有無謂災害，不宜。

訟詞糾紛：和解為宜。勿鬥氣。

求事求職：可順利。勿太剛強行事。

考試：有好成績，但勿太驕傲。

改行：可，不過勿太勉強。開業吉利。

一五、☴☰ 風天小畜　巽木一世卦

■小畜象體：

風行天上，雲被風吹散。一時天空澄清本相，有如萬里無雲之青空，被風所阻止而不雨。又一陰統蓄眾陽，以小畜大，以陰畜陽，力量寡弱。

十一月卦：春病　夏凶　秋口舌　冬吉

評曰：曉風殘刀之象，相親相疏之意。

■卦意判斷：

卦乃巽風在乾天之上，以六四（註：大表陰爻，大四為第四爻是陰爻之象。）之陰畜五陽，故曰小畜。得此卦者，為被畜之時，雖有前進之志，但小有障礙，不能大進，若強進難免有限，然而終於陰陽相合。故宜待時，以防不測之災難。求財望事皆反覆，有口舌，難以急調，對於居處有辛苦之象，宜改變之。氣運遲滯不發，欲速則不達。

斷之婚姻，此婚事再三之後可成，或其女再嫁。男人占得此卦，有爭風吃醋之過，女人占得，可知曉風殘月，又相親相疏，有自暴自棄、墮落之象也。占者若為女性，可能風月之人。

■卦象參考：

卦體上巽下乾，中爻約離互兌。畜是蓄聚、蓄養、蓄止，同時還有阻止等意思，陽陰乃正反。全卦六爻只有一陰爻，故：一陰統蓄眾陽以小蓄大，有如雲層密佈而不下雨之象。雖暫不下雨，但時機一到雨必下也。此卦是教我們要蓄神以待時。

昔韓信擊取散關不下，卜得此卦後果破也。故宜待時而發。

【總結批論】

小畜：表小有積蓄。是個小吉卦，事事不可貪大，投資理財均需保守為佳。健康無礙平順。畜又為畜養，小規模養牧之意，論錢財為小有也。

【應用】

運勢：有蓄聚、阻止之意。一陰畜五陽，雖有雲雨而不下，雨之不下，大地不能得到滋潤，故此運勢有反覆、有口舌、又難以急調，諸事宜忍耐，等待時機。尤其女人得此卦更應在行為上，對事或對人有所節制。

愛情：語言不和，意見分歧，不太如意。

家運：不和且多是非，衰而不振，多勞，要耐心應對，以待時機。雨過天必晴。

胎孕：生男兒。若秋冬生女。若初胎，子不成。更宜防流產。

子女：因子女而勞碌之象，子女早運不住，境窮，但晚年有福也。

週轉：有女人從中阻礙，不成也。

買賣：景氣不好，買賣難成或利薄。

疾病：患者有胸部、胃腸等疾，頭部、腦部之疾。其病難治但不嚴重，長久慢性病之併發症較險。

等人：不會來，臨時變意。

尋人：因色情或家庭不和出走，只在原處。若四、五爻動則已遠走難尋，東南或西北之向。

失物：被小人侵算，有婦人見得，急向東南方覓之。屋內之失物可尋。

旅行：途中有害，不宜。

訟詞糾紛：一不成亦和。一惹禍帶刑傷，不利。

求事求職：可行，小有希望。

考試：不理想。

改行：不宜，開業不宜，已開業者則小有所成。

一六、䷄ 水天需　坤土遊魂卦

■需象德：

坎水在上為雲，不降成雨，雲在天上未遽下於地、而未雨，為遲滯之象。又乾性主必進，而處於坎險之下，不能遽進，需待時之象。

八月卦：春吉　夏平　秋吉　冬吉

評曰：密雲不雨之象，雪中梅綻之意。

■卦意判斷：

此卦乃坎之雲登天上未為雨，坎陷又阻於乾健之前，不能速進，皆須等待時機之意。雖有吉事，而時節未至，妄進即遇困難，須待危險去除後方可前進，速進敗而悔，不如慢進功成。

求財望事，十只二三可成。斷之婚姻，男占捨婚，女占貪嫁，初爻、四爻動即可成。亦有多阻礙，或難成之象，宜以恆心去除障礙方可成也。占事不利。

■卦象參考：

需者，遲滯有等待之意。

又序卦傳：「需者，飲食之道也。」此卦象意目前有險，卦爻之九五陽剛陷於陰險中，必待下體乾陽合力而赴，才能有所作為，所以處事必須避免過份急進，要耐心等待時機，再求進展，方能有濟。大地因雲於天不雨而無法得到雨水滋潤，故曰需。

【總結批論】

需：表需要、需求，密雲而不雨，雖然很渴求但卻又是時機未到而著急著。此卦凶中帶吉，需耐心等待，則事情可成。

健康，要特別注意，此卦為「遊魂卦」，病症主在腦或腎，有膀胱、腎方面的重症，也是受亡靈所影響，醫藥治療功效不大。祖先風水詳查有無入水過濕，祖靈不安之象。

【應用】

運勢：宜退守正道，不宜冒險前進，投機急取反而失利。須知貪小失大，智者必須待時也。

愛情：起初不如意，有耐心者方可成就，否則不成也。

家運：初為多事之秋，須憑智慧耐心挽救頹勢。

胎孕：臨產之時得才占卜表會有障礙。防剋產母。

子女：得子遲，故女兒必先也。

週轉：不能預期而得，有延滯。

買賣：有口舌不可成就，亦勿貪小而失大。

疾病：為頭部、腎部之疾，病情拖延而長。須留心治療，長久病疾也。

等人：遲到。

尋人：此出走之人因色情之事，於西北或北方，雖平安，但不易尋。

失物：因喜樂中有失，隔些時日可尋，急亦難如。

旅行：不可。有盜難之兆。

訟詞糾紛：目下未了，但最好停止紛爭。

求事求職：不宜急取，急亦不得，再等待，再尋求。

考試：要多用功。

改行：不宜。開業亦不宜。

一七、䷙ 山天大畜　艮土二世卦

■大畜象體：

天居山中。因天大而山小，亦以微小阻止龐大，以陰畜陽。又五爻為君，四爻為臣，下三陽爻為平民，君臣合力制止平民之反動。其德艮卦篤實，乾卦剛健，能篤實剛健，勤勞不息，人人能蓄積富有。

三月卦：春吉　夏凶　秋凶　冬平

評曰：金在巖中之象，淺水行舟之意。

■卦意判斷：

此卦之下卦乾健欲進，上卦之艮畜之，艮能止、乾又能養之，故名大畜。畜為止，為養也。只是若論住宅、風水，得此卦時，可能有住居不安、身心憂苦，且有含怒懷恨之事。宜待得時機，徐徐處事，必得達志。性急不利，短慮則易生爭端。求財望事難成。此卦奉公職者吉。斷之婚姻，有不成之兆，女有病身。

■卦象參考：

此卦具有剛健、篤實、光明等理象，體會此理象，足使道德的修養，天天有新的進步。

【總結批論】

大畜：表會有很多的積蓄、不動產的來到。吉相之卦。可以考慮較大的投資案，只是現金周轉可能會較不利。蓄也有守財小氣之象。只是艮土在上，表陽宅風水，若論住宅、風水，得此卦變爻在土時，可能有住居不安、身心憂苦，且有含怒懷恨之事。

【應用】

運勢：大凡諸事不可好高騖遠，腳踏實地、務實行事，始能成就大業。以蓄德為主可吉，若因得勢而氣盛凌人，目空一切者，終招失敗之象。

愛情：雖有些阻礙，但終有望，然氣盛則自招叛而破。

家通：須知蓄者以備急需也。明此道理，持之力行，則可亨通。

胎孕：占得此卦主生貴子。得男兒較遲。
子女：兒女必聲揚家風，可得幸福之象。
週轉：可成。
買賣：再談可成艾，且有獲大利之象也。
疾病：為腦、腹部脾、膽之疾，可能結石發炎之象。或頭部外傷。但可治。
等人：不會來。
尋人：途中虛險，若一人等待必有凶。若是出走者，不必尋，會自回。
失物：隔些時日可尋，東北水邊。
旅行：吉利。
訟詞糾紛：因土地之事，有頭無尾。有破財之象，但糾紛可化解。
求事求職：不利。再待時。
考試：上榜。
改行：不宜。開業者要有不怕挫折之決心全力以赴，有利可得。

一八、䷊　地天泰　坤土三世卦

■泰象德：

天氣下降，地氣上升，天地之氣相交，為通泰之象。又內陽外陰，內健外順，內大外小，內君子外小人，為小往大來。

正月卦：春吉　夏凶　秋凶　冬平

評曰：麟角有肉之象，雁至衡陽之意。

■卦意判斷：

乾陽坤陰，天地陰陽之氣相交通，君臣上下相和睦，天下太平之象，故曰泰。泰乃流通無滯也，得此卦時，雖為家齊國治，百事通達之時。斷之婚姻，是大娶小，其婦帶小兒來嫁，亦有反覆。或有良緣順利。

■卦象參考：

此卦內陽外陰，內健外順，於大象言，則是天地陰陽兩氣相交而萬物通亨榮泰之象。

以人事言，則是上下心靈相交，志向相同，和泰之象也。故此卦為盛極之卦，與天地否卦相反。然須知分久必合，合久必分之理，於諸事順調得意之際，切勿迷失方向，任意而為，則可保其全，否則反不利也。

【總結批論】

泰：表三陽開泰，萬事亨通。吉卦之象。諸事皆順。

【應用】

運勢：諸事如意吉祥，前途事業均順利。切不可驕傲或任意從事，亦宜自惕勿太活躍，始能免於災難。凡事宜求內在之實，不求外在之虛，否則有破。

愛情：情投意合，良緣。勿任性，以維持吉象，反之則招破。

家運：家庭和合，有通亨之象，凡事宜檢點得失，不可胡為，否則招災不利。

胎孕：生貴子，是第三胎。安而無災。生女亦均無礙。
子女：親子和睦，幸福圓滿。留心教養，勿使太任性，否則淪於不幸之破運。
週轉：可成。
買賣：交易有益，得利。
疾病：為胃腸、或重感冒、肺、頭痛之症，無大礙。
等人：會來。
尋人：在朋友或親戚家裡，有信息也。可尋。
失物：非是人偷、自己遺失。有可能尋回之象。
旅行：順利平安。
訟詞糾紛：因小意見而引起，不宜見官，和解有利。
求事求職：吉利亨通。
考試：上榜有望，宜再努力勿懈。
改行：吉。開業者吉利之象。

一〇、☰☱ 天澤履　艮土五世卦

■履象體：

天在上，澤在下，乃自然部位。君子以辨別尊卑上下，各守本分。禮也。

又一柔下履二剛，為踐履之象。

三月卦：春凶　夏平　秋凶　冬吉

評曰：尊卑分定之象，如履虎尾之意　。

■卦意判斷：

此卦為柔弱遇剛強，欲行卻難行之象，難且危也，故名履。得此卦者，百事不宜進取，須以和待人，柔和忍耐可免過失，宜從人進不宜退，宜繼受不宜先進。如履虎尾，乃安中防危之象。

故女人占得此卦，宜注意所交往的異性，有不像稱應，亦有被人惡言中傷之患。得此卦者，亦有好色之煩與憂悶之意。此卦雖有險難，但有驚無險。斷之婚姻，此女子雖有怡悅，卻有障礙，且難成，可能因年歲之差距也。有意外之慾望，若不克制，則有反覆不和之象，故守之則吉。

■卦象參考：

乾天為尊，為長輩，然澤為少女，為怡悅，故以乾陽之剛，下澤柔之陰，斷以有男女色情之娛悅與憂悶之苦情耳，因年歲之差距而遭人阻礙，女者更無果決之毅力。

故得此卦時，諸事皆應兢兢戒懼，凡事不可腳踏兩條船，慎之。婚姻須活斷之。

【總結批論】

履：表戰戰兢兢、如履薄冰而行，卻是有驚無險的現象。為小凶帶吉之象。履又為「禮」也。得此卦者，需盡快反省自己的態度，對人、對事、對長輩是否有輕忽、不敬之意。雖有危急之事幸好能平安度過。

【應用】

運勢：有先勞後逸、始驚後安之意，雖有繁華，卻又反覆不和，故得此卦時為憂慮受危中而望喜渺。但謙虛反省請教於長者則吉。

愛情：相愛，但阻礙很多，雖然不易成功，但亦有以誠、禮相待而成婚姻者。

家運：新婚而剛建立家庭者，多礙、勞苦。但此卦有先苦後甘之象，和氣可生財，過些時日即可雨過天晴也。

胎孕：臨盆產婦占得則吉，否則有受驚嚇之象，需安胎。

子女：初運有勞苦，而且障礙、困難之象，但以後能獲得幸福也。

週轉：雖有些困難，但不必急躁，謙恭而施則可成也。

買賣：雖有是非但終可成，牛馬猴之月或日方成。

疾病：得此卦者，幼年體弱，中年後漸佳。斷疾病為肺部、頭部或口部之病，病況雖似嚴重而危險，但調理得宜，治療後可痊癒。

等人：遲來。

尋人：走失之人有生命危險，在西方或西北方向，難尋，須爭取時效，此人尚可得救。申未日可見。

失物：難找，在西北或西方，遺忘在某物下面。

旅行：不利，不去為宜。

訟詞糾紛：凶象，乃他人侵我之象，主虛，必有頭無尾也。

考試成績：不怎麼理想，但可勉強通過。

改行：不利。開業不宜。

二一、䷹ 兌爲澤　兌金八純卦

■兌象體：

雨澤相依，活水流交，為和悅之象。又一陰在二陽之上，內剛健而外柔順，和與悅卦之形有似兩重嘴型之象。

四月卦：春平　夏吉　秋凶　冬吉

評曰：新月映池之象，有譽有識之意。

■卦意判斷：

此卦內健外柔，在人為少女，雖有喜而外顯之意，但為事物無規律，久而不得要領之時。又有外表見好，內心不善之意，若守貞正，時運平安自有吉事，否則不可言吉。

得此卦者，有為無意之事勞苦，心中有不貞，受外物影響而有所變動，故男人占得此卦，有色情、損財之災。女人占得則吉利也。求財望事，疑慮多不能決，有難成之兆。斷之婚姻，為和好良緣，但須防口舌，致使感情失度。此卦象有雙重之喜悅耳。

■卦象參考：

此卦雙澤之水，映之新月，景觀美麗而且令人怡悅，然此景象終究會隨著喜悅之消失而失其景觀，最後祇遺留腦中一片幻影。因此論斷目前雖為亨通之象，憂鬱之氣得以發舒，然須守貞正之道，不可隨意，否則凶。

又此卦象有與女性和悅之情況，故男人切不可放縱任性，沉醉在美人窩中，毋須為了博取短暫的愉悅而使困擾相應而生。慎之。物事須防中途有挫折。

【總結批論】

澤：表少女純真喜悅之象。既以少女情懷為重，卻在純真之中帶有嬌蠻、任性的態度，此卦與男女感情有很大的關係。六沖卦象，大好大壞。憂喜參半！

【應用】

運勢：有喜亦有憂，有譽亦有譏，雖得吉慶如意，然應守持正道，否則犯災。

愛情：有嬌蠻、任性鬥嘴之象，切勿意氣用事，因此卦內剛，定會有口舌，隨和相處可吉。有如兩小無猜的純純感情般。

家運：有和悅之氣象，但要操守自律，行事不可越軌，有分寸可得吉運。若不操守自律，必犯色情之害而受殃耳。

胎孕：女兒。孕安。此女能帶給家人喜悅，又與六親和睦，有緣。但也不要過份溺愛才是。

子女：骨肉情深，和好幸福之象。

週轉：可順利，不須急也。

買賣：有反覆之象，然盡力必成，可得大利之交易。

疾病：酒色之病，久則難癒。與女色有關之性病或肺病，不可疏忽治療，病雖重但可治。

等人：會來，且有喜訊相告。

尋人：因色情之事出走，很快可知其下落。向西方尋可得。

失物：在西方，喜中有失，詢老者可得。

旅行：古利。

訟詞糾紛：非大事，有人解說有利。

求革求職：得利，但亦不可太大意。

考試：成績佳。

改行：吉利，開業吉利。

二三、䷥ 火澤睽　艮土四世卦

■睽象體：

上體離火，火性向上，下體兌澤，水性就下。一向上，一向下，兩相乖違。又離為中女，兌為少女，雖然同居，其志不同。陰居三爻五爻之陽位，不得其正也。

二月卦：春吉　夏平　秋平　冬凶

評曰：桃李競發之象，方圓有用之意。

■卦意判斷：

此卦火往上，水往下，互為乖離不相和。又離之中女與兌之少女均在父母之家，但其出嫁之所各異，其志亦不同，故有乖離之意。

睽乃叛也，故得此卦時，為人心睽違，百事難成，有辛苦，且財寶多散亂。

但此為內悅外文明之卦，故學者得此卦為內有悅，外有文明而以吉象斷之。大凡占得此卦者，除學者之外，均須防口舌爭論，亦有與人中絕之意。恐有受欺情事。（註：離卦亦表有文筆、寫作、研究的智慧，所以稱為：文明）

若婦人占得此卦，大凶。其女必定乖巧或淫曲，剋刑其夫，外有姦情。男人占得，亦有左右逢源，運行桃花而致家庭風波也。少女占得，因其無知而被誘也。斷之婚姻，為男女雙方志趣不同、不合，勉強結合，必時有爭議，終有生離死別之苦，宜慎重耳。

■卦象參考：

象曰：睽，火動而上，澤動而下，二女同居，其志不同行。在此也。但是當人情之小事，不大舉之時，可以言吉也。故此卦若小事可吉，大事有違叛之象。此卦象和悅附麗於光明方面，象徵順利地上進而得行其志也。上下若能溝通，當人情乖違之時，尚有小部份之事可司。又桃李競發為文學之士，方圓有用，其才必有所發展之處。學者占得此卦，斷之大發達。常人難當。

【總結批論】

睽：表乖危、叛逆、背離之象。主凶象。意見不合，彼此爭鬥、任性、不協調。

事事均不順，且有被出賣的危險，注意犯小人。唯有離卦表智慧文書順暢之象，若有動爻在離卦，可視為吉象。

【應用】

運勢：水火不相容，則氣運不通，勢行低落，諸事難成。凡事有違叛之時，若能處變不驚，不逞強出頭，尚可轉危為安。有家內不和，親友疏散之情。宜力持溫和，忍耐去克服困難，始可渡危。

愛情：彼此間無意向，無望也。

家運：困苦離親之象，不和睦之情。家運衰頹，雖可得小利，但也濟不敷出。

胎孕：無礙。生男者有兩喜。生女者可能會難產。

子女：子女不和，有骨肉無情之不幸，且其子女六親緣薄無靠。

週轉：難以如願。

買賣：多阻礙，難成，若成者亦必損。

疾病：有診斷錯誤，治療上有失先機之危，為心臟、血液、或胸部機能之病症、心臟疾病。病者冷熱不和，重症危，此症速轉醫可治。

等人：不會來。

尋人：因口角負氣出走，其志不同故不易尋。若等候可見，不等則必致反背難見也。

失物：已被人奪去，追不回了。

旅行：不宜，有災。

訟訶糾紛：宜速謀和解，不然反成無理。

求事求職：無希望。

考試：落榜。

二四、䷵ 雷澤歸妹　兌金歸魂卦

■歸妹象：

兌澤之上有震雷。兌澤受震雷為撼盪，象徵女子窩處於被動之地位。今悅以動，女所必歸從也。又震為長男，兌為少女，震兌相配，名為歸妹。

七月卦：春凶　夏吉　秋凶　冬吉

評曰：少女追男之象，顛倒齷齪之意。

■卦意判斷：

此卦為雷動上澤之象，歸乃嫁也，妹乃女之少也，蓋少遇長非也。故得此卦時，有不測之禍，於相談或契約有失信或失期之誤。願望受阻而不成，正直之人反而有困難，百事末保，有與親友發生爭論之患。亦有色情，破財之兆。

凡是小到女人都有礙，思慮不決可疑，須防外誘。求財望事，半途即破。斷之婚姻，主幼女重夫之格，女子容貌秀麗天然，但此卦婚姻主凶，非良緣，且會失敗。因女子有被外誘之象，故亦有為情違背上親耳，故少女占得此卦宜慎之。

■卦象參考：

歸妹者，乃是女嫁男婚，是人倫之常，應當是極為順利之象。但卦象於交接之際，卦內陰爻皆駕乘陽剛之上，於勢有不順之理，如女人之權乘男人之上，故為物事違反常理，喪失正道之時。此卦舜娶堯二女卜得之，乃知卑幼不寧也，故歸妹之卦為妹先姐而嫁，雖有喜悅之感，然終究有破敗之象。

【總結批論】

歸妹：女子出嫁後歸寧，此卦卻是表小妹急著先出嫁，為感情衝動、不理智之象。主小吉帶凶。得此卦投資、升遷、合夥，大概與男女之間的感情用事，會有很大的關連。感情，第三者積極介入之象，或是自己一廂情願衝動的妄想。

疾病：大凶。為「歸魂卦」表已有亡魂緊密跟隨，業因很重，若不速解，可能有性命之危。

【應用】

運勢：禍出百端，事物有違常理。初時有悅，不久反凶，禍害隨至。

愛情：孽緣，必以悲劇收場。

家運：外觀風光幸福，其實家內正起風波，有失和、禍害等不幸情況。

胎孕：無礙。女兒。秋占不利。

子女：兒女多放縱，尤其女兒更甚。常忤逆父母，使父母親陷於苦惱，且多有沉於情慾之中者。

週轉：希望渺小。

買賣：表面上不錯，其實虧了老本。

疾病：病大致凶，有一時康復反覆之象，但亦隨即有惡化，陷於絕望之境。為肝病、腫瘤、骨髓系統、性病，或腦溢血、手腳受傷。（性病為泌尿系統及生殖器官之疾）

等人：不會來。

尋人：因色情之故而離家出走。婦人則難見，有跟人私奔之象。在東方或西方。

失物：監守自盜，內神通外鬼、盜走。

旅行：不宜。

訟詞糾紛：有女人在內，事求分曉後，力持和解，不必要無謂鬧事。

求事求職：放棄算了，再另做打算。

考試：有重新再讀一年之況。

改行：不宜。開業者宜暫停，靜候時機。

二五、䷼　風澤中孚　艮土遊魂卦

■中孚象體：

風在澤上，水面廣曠無阻，佈滿風力，為空間充實之象。又二、五陽爻剛實，象徵中心信實：三、四中爻虛爻中位，象徵虛心不安。兩卦如口吻大象離卦。

八月卦：春平　夏平　秋吉　冬吉

評曰：鍋斧得蓋之象，鶴鳴子和之意。

■卦意判斷：

此卦巽上兌下，巽風應時，四時不忒，其氣候乃風之信他。兌澤受水潮汐，不錯失其期，乃澤之信也，故名中孚。孚乃信也，中孚乃其中有信也。故得此卦時，務必正直而孚信，若邪曲則大凶。而其相應者，有善與不善，若能熟察，從善而避不善，可漸宜。

此卦為初惡後吉之卦，所以中孚者不得有虛偽。陽爻剛實而虛爻得中，故求財望事若此卦變而他行時，為不成之兆，由他卦變來時可成，但有口舌。斷之婚姻可成，拌和之兆。然男人占得此卦有雙燕之好，左右逢源之象。

■卦象參考：

孚乃言信實，誠懇。風在澤上，水面空曠無阻，風吹過池澤之上，佈滿風力，而澤水受動而起波。為空間充實之象。巽木兌澤，以涉水取象，所以信而有實者，必須守其貞固，方足感化頑強，克服困難而無所不利也。

【總結批論】

中孚：表誠信、實在。主吉象。若為人處事一切以誠信為重，則事事皆可順利而行。以中肯、信實待人而感動部屬，生起共鳴作用與順從，故於人事，凡事皆吉。

唯疾病而言，卻是小凶之象。因此卦為「歸魂卦」，需審慎斷視卦中之爻動及六親吉凶，方可判斷所受亡靈之影響程度。

【應用】

運勢：如三月之春花，似錦大地，與人謀事均得利。誠者，立業之本也，若存邪曲之念則破吉運，須認清善惡。得此卦誠者佳，尤利他鄉財路。

愛情：雙方以誠相待，良緣也。

家運：有突發大利，平安幸福之吉象。

胎孕：安。本當主孤獨，但得神佛上，求之生男兒。上九爻動生女也。

子女：父母慈且誠信，故子女必孝，忠信門第也。
週轉：不成問題。
買賣：可成亦有利。
疾病：病情大致凶，為胃腸、腹部或肺弱之症，宜妥善調理。
等人：必定來。
尋人：不尋自來。
失物：遺失難尋，雖有消息亦虛耳。
旅行：吉利。
訟詞糾紛：為安來之事，速處理無妨，遲則有傷。更防盜賊
求事求職：有利。
考試：必定上榜。
改行：可按照計劃行事。開業者吉利，先苦後樂之象。

二六、䷻ 水澤節　坎水一世卦

■節象體：

池澤納水。兌澤在坎水之下，容蓄水量，約束水流，不使四散奔流為節卦。又坎陷、兌悅，以和悅之心情去行險犯難，可以克難出險。兌卦一陰二陽，坎一陽二陰，上下平分，均衡配合。又初、二、三、四、五、上，各有陽陰，順序如所節。

十月卦：春吉　夏吉　秋凶　冬凶

評曰：狐涉泥中之象，作穿自隕之意。

■卦意判斷：

此卦兌澤在下，坎水在上，坎水乏流無窮，兌澤之水有限，以有限之澤，蓄無限之水，須有節而定分，限不可過之，否則溢滿成災。得此卦時，如竹有節，有限而止之意。雖有自然適中之好處，多半物有限而止，不能得志，諸事務必節制適中。

得此卦有意外驚難，宜慎之。求財望事，忠孝之事可遂，其他不成。男人占得此卦主桃花，女人占得貞固。

斷之婚姻，平，此女節而美。然得此卦之男人，切勿沉醉於利與色之慾望，宜守中常為宜。

■卦象參考：

節者，有限度的意思，其形水在上，池澤在下，澤納水多則溢流出為害，納水少則燥涸而苦。須知湖澤要能發揮其吞吐或灌溉之作用，此即為「節度」的意思。於人事物，為人處事要有適當的節度與分寸，適可而止，保持中庸之道。如此事物調節得宜，則不致偏枯窒礙而可通亨之象。，其道窮也。此卦孟姜女送寒衣卜得知夭亡。

【總結批論】

節：表節制之象。主是個狀況卦，吉凶未定之象。卦中所現，提醒卜卦之人，事事有過於放縱之象，尤其是在金錢方面，投資理財需節制有守為安。感情則要多留意自己的言行舉止，已有過份之態或對對方過於放縱之勢。比喻人事一切都要節制，但若過於固執，則又成為苦節，不近情理，如此則不能固守反為凶象。

【應用】

運勢：以和悅之心去渡過險境，則可克難而出險道。而悅者何苦惱，陷者有悅象，故此時需要有節制為宜。

愛情：是否成就，須看自己之節制之品德，因得此卦，若女者對感情堅貞而不隨便者，可吉也，否則破。

家運：謹守做人處事的規範，則可得平安和樂之家庭。

胎孕：胎孕平遲。生男。可求神保產母，否則有厄。

子女：兒女多溫柔孝順。但若長輩行為不檢反招破，得不償失也。

週轉：遠水難救近火。無望。

買賣：不得時也。

疾病：為腎臟系統或肺部系統等疾病，病情拖延有險象。

等人：不來，或須久等。

尋人：人說皆是虛言。有所藏身，不必去尋。想回來自己會回來。失物：西方或西北方，雖在近處，但難尋。

旅行：不宜。

訟詞糾紛：此糾紛有拖拖拉拉之象，莫論誰是誰非，耐心處理必有人調解。

求事求職：再待時機，成功率小。

考試：須力求上進，不可怠忽。榜尾有名。

改行：不宜。開業宜緩圖，計劃週詳後方可。

二七、䷨ 山澤損　艮土三世卦

■損象體：

損兌澤之土，以益艮山之高，山高水深，各得其宜，因損以致益。減損內部，補益外部，減損自己，增益他人之利益。又上卦君子、下卦人民，減損人民利益以補益君子。上卦坤體益一陽而成艮，下卦乾體損一陽而成兌，損下益上也。

七月卦：春平　夏吉　秋吉　冬凶

評曰：貴賤正位之象，奢損孚存之意。

■卦意判斷：

此卦為山上澤下，即「下深高增」之象，又天地泰時乾坤全存，今乾坤皆損一，故曰損。

占得此卦，可損己益人之時，又損利慾有德益，損驕奢有財益，損其可損之物，即損之亦不為損。又為先苦後悅，勞己益人之時，諸事急則不成，徐圖可成就，一度難調時，二度三度必成。求財望事吉。

然此卦為損，故若女子問婚姻占得此卦，損己而益人，此女子大多與有婦之夫交往。男人占得此卦多得利。損下益上，其道上行。

■卦象參考：

此卦為減損我方，以盈利補他人之不足。然而減損必須得當，才能使雙方真正得到好處。亦可以貞固自守，以利於往而有所作為。減損即是節約，能有節約才沒有浪費，方能蓄其餘力，以赴事功。然此卦有貴賤奢乎之卦象，故得此卦者諸事均有勞損之時。

【總結批論】

損：表小有損失也。主凶中帶吉之象。「賽翁失馬，焉之非福！」是此卦最好的解釋。若是在成卦，可以因付出有損，卻會得到更大的回報。在變卦，則是損失已定，難以言吉了！投資、事業、借貸、感情皆是失意不順之時，然對事要有信心，學得經驗將可得到更好的結果。若將要計畫投資則不可。

【應用】

運勢：諸事不如意，若傾於利慾不當之心則有災，散財之損。必須能夠悟其所損，方能挽回局勢。與人共事商量則可收損失之象。

愛情：以誠信可以成功，可得良緣，但此卦女者卜得有較大的損失。

家運：正處於受損之時，審慎挽救頹勢他。

胎孕：生男頭胎有剋，二子方免。二、四爻動，產母難保，上六爻動，不足言喜，未產或有凶象。

子女：兒女多誠實孝順，幸福之格。

週轉：可達目的。

買賣：雖有損，但終得利。

疾病：為身心衰弱、脾、膽硬化結石，消化不良，或貧血，病情雖重，但治療後無礙。

等人：可能會遲到。

尋人：在東北或西方友人家中，可尋。否則會自回。

失物：北方可尋，別處已失難尋。

旅行：遷居可，旅行不宜，有難。

訟詞糾紛：爭鬥之事，他人先有損，破些財，勿再爭端，宜解。

求事求職：可慢慢受重用。

考試：多努力，榜上可題名。

改行：可行，勿急躁，宜週密。開業者吉利，宜有耐力。

二八、䷒　地澤臨　坤土二世卦

■臨象德：

兌澤在坤地之下。地面本高於池澤，地面之水流進池澤，池澤之水灌溉地面萬物，相臨相佐，相互寄託希望。又兌為喜悅，坤為順從，下悅上、上順下，相得益彰。其體初二兩陽，有向上發展，自下漸長，以剛臨柔之勢。陽長陰消為臨卦。

十二月卦：春平　夏凶　秋利　冬吉

評曰：黃花叢生之象，少女從母之意。

■卦意判斷：

此卦為水土相親近之象，以二陽對四陰，以四陰見二陽，陰陽相望，故日臨。

得此卦者，宜柔和不宜剛健，又為一時繁榮再度衰微之意，初即以此意而去驕傲之念，且未寒先備衣，未飢先具食，先時察機，務必不可有後時之事。

得此卦時，對居所有苦勞，但有受人之助終得安居。亦有受無妄之災之苦象，遭盜或損財。凡事不可自信過高，若太自信而忽略對方，則有遭挫折敗事之累。坤雖順，爻動即變也，故不可太自信而得意忘形。

占得本卦，八月有凶。

斷之婚姻，雖有阻礙說破，但終成，有些口舌尤妨。男女占得，宜記處事不可過剛，勿因坤之順而迫之反。女防失節。

■卦象參考：

中爻約坤互震，臨者居高臨下，以二陽剛臨四陰柔之勢，潛意識有希望與願望之存在。又沼澤必有水，水受日之照射蒸發於天空成雲雨，再下降於大地，故有滋養大地萬物之生機，又將地面之水流入池澤，此大自然現象生生不息，此循環相臨相佐與相寄託。兌為悅、坤為順，相得益彰。

至於八月有凶者，乃言陰陽消長之象，卦體兌下坤上為陰卦，故以月計，從陽數算起，一陽在下為地雷復，陽進二為地澤臨，陽進三為地天泰，陽進四為雷天大壯，陽進五為澤天決，陽進六為純乾。陽極生陰，一陰復生於初，為天風姤，二陰於初二則為天山遯，共有八位。而天山遯以韜晦取義，其象陰勢漸盛而陽消，故有於八月遭陰小人之害也。

【總結批論】

臨：表大駕光臨，貴人來到之意。主吉象。臨又為「君王臨幸」之意，是上者對下者之象，在事業投資，為貴人相助之意。在感情則有期待而至的歡喜感。只是以上之象皆有，人尊己卑需仰息於人的感覺，所以女人占得，可能是委於男人之下，或是有外遇的情勢發生，卻又甘於接受。

【應用】

運勢：運勢漸增，諸事亨通如意，前途有望，仕途有成，可得貴人相助。上下安合。以和順可奏大功，宜誠心待人，可諸事順暢，急進或忘形者，有破財之象。

愛情：不可急，切忌意氣用事要求，柔順期待者有吉象。

家運：幸福圓滿，切勿意氣用事，否則有反。

胎孕：生貴子。若春占則生女。無險。求佛及家神則安。產婦慎飲食。

子女：得孝順之兒女。

週轉：可成。

買賣：防口舌，勿過急，和順交易有利。

疾病：為胃病或性病，泌尿生殖系或腹部、口腔之疾，不嚴重。

等人：有好消息且準時到。

尋人：西方或西南方，不必急，目下其人已動。自回。

失物：在灶下或水邊，遲找即空。

旅行：吉利。

訟詞糾紛：三人之事，本欲欺他人，反傷于己。有貴人主和，或莫再爭。

求事求職：順利可成。

考試：金榜題名。

改行：吉利。開業正得其時，大吉大利。

三一、䷌ 天火同人　離宮歸魂卦

■同人象德：

天在火上，火勢是向上的，有向上的同性，故人亦有愛好上進和向上之心。又中卦離巽，火勢得風動威，向上接近於天。有內文明，外剛健，中正而正應。象徵君子正心誠意，與人和同之象。

正月卦：春平　夏吉　秋平　冬吉

評曰：闔夜捐燈之象，管鮑分金之意。

■卦意判斷：

同人親也，人之和同，相親近之意，凡事有得便宜、遂志之時，然此卦有為正道無邪曲之卦，故有不善之志者得此卦不可言吉。得此卦者，若與人共事，上下皆和，功就名揚，可得上輩提拔，廣結社交，興家立業之象。然切勿頑固氣極，偏私失止。故得此卦時，若不佳者，斷定以與他人爭執，或固執己見而遭挫折者多。

斷之婚姻，夫婦互敬互愛之美滿良緣。但此卦如未出嫁之女子得之則不利，具同情之心，恐有損節之害。此卦宜公正無私吉，密謀隱事則有破。

■卦象參考：

此卦有親和之象上乾金，下離火，以火煉金必有所成就，然若火勢過猛，則金必有所損，其益必失，故此卦雖得繁榮之勢，不可火氣太焰。

【總結批論】

同人：表有志一同，相和而成。主吉象。理念相同共處愉快。事業投資、感情皆是和睦融洽。最適合找人合夥事業或尋求認同自己理念的吉卦。又離火剋乾金，兩氣皆屬陽剛，故此卦斷婚姻，必因個性不合而離異之女。但火煉金定有所得，故必定再三嫁娶方為吉耳。未出嫁之女，婚姻平。疾病，因此卦為「歸魂卦」，概與亡靈有關，屬前世業因為重，醫藥無功效，與「火天大有」相似，需參拜神佛來化解。

【應用】

運勢：得此卦為諸事開通、平安、吉祥、如意之象，有同情心，互愛、亨通之象，故宜好好掌握時機，維持盛泰。若有稍涉偏私或為私情之愛則有破兆，應以事業為重。

愛情：互悅其情，彼此間謙和以禮互敬，魚之得水，定成美眷。切忌氣盛，宜和。

家運：上下和樂，運勢亨通，可得意外之財，亦可促進開展事業之樞機，宜把握良機，努力求取。

胎孕：無礙。男兒。與六親和睦。得緣之吉卦。
子女：兒女眾多，上下皆能和睦之象。
週轉：利，並可進取大業，利也。
買賣：利益大，與人共事吉，宜木字口字姓之人同相利濟更吉。
疾病：雖有病，但需看動爻而論。為腦部、神經衰弱或呼吸之疾病，心神恍惚、失眠、心火氣旺之象，宜多調養、修持參佛。
等人：一定會來，且會帶來好消息。
尋人：此人非故意出走，自己會回來。
失物：很快可以找到。
旅行：利，放心。
訟詞糾紛：與人爭端無益，他侵我或我傷他皆不利。和解了事為上策。
求事求職：吉利。
考試成績：優良。
改行、開業者均吉利亨通。

三二、䷰ 澤火革　坎水四世卦

■革象：

澤水於離火之上。水能滅火，火亦能燒乾水份，有相互改變之象。又兌屬金，離屬火，火燒金屬，變了形，為變革。又離為中女，兌為少女，中女屈居小女之下，於勢不順，兩女同居一室，其志趣不相得，不和諧，應當改革之象。

二月卦：春凶　夏平　秋凶　冬吉

評曰：腐燈螢火之象，賣金買物之意。

■卦意判斷：

此卦水火相對，水多勝火，火熾亦可勝水，致使水火相互滅息。革乃改古之意，得此卦為萬事皆要改革之時，譬如將過去不用者棄之，又重新創事之意，但凡事不可輕率，須慎重行事。

得此卦者，有色情女難，亦有住處苦勞或重建房屋之情況。凡事有物盡又始之意，故男人占得此卦必有外遇，女人必逢有婦之夫。求財望事雖可成，但有小錯而遲。

斷之婚姻，若是女人占得，則其女剋二夫，不可成也。女者亦有急躁、破財之象，另覓對象為宜。若已婚者得此卦，有刑剋破緣，另起爐灶之象也。

■卦象參考：

諸凡事物須改革者，須先立定革新之方針，完善籌備，適其時機，才能得信於人，效果亦佳。倘若存著姑且之心態，改革不成，將會貽害未來。又腐燈螢火，其光明不足，有被遺棄之意。俗云：食之無味，棄之有意也。故斷其婚姻有破象。而賣金買物，為以物易物，亦須視其所易之物是否合適其用，否則亦必是損破之象。故革者為變動更改，大凡人、事、地、物、時，均有動盪之態耳。

【總結批論】

革：表該改革、革新的時候了！主是個狀況卦，吉凶未定。事事情況雖不穩定、明朗，但只要有心改變，重新再來則成功機會大。一切不可固執不化、不變通。

【應用】

運勢：不穩定，多變化之際，凡事均有所變動，故需棄腐朽而立新者，宜下決心改革。但仍須謹慎改革之道，善改則吉，惡改則凶。

愛情：去者已矣。凡事均有新的開始，迎新為宜。

家運：多事之秋。慎重改變自己的生活方式，方能建立新的氣象。

胎孕：胎安。女兒。此女孩越年長越好，因其運格、際遇常有變動之故也。

子女：子女與母親有離異之象。其母再嫁，或離異他去耳。

週轉：要即時改變方針。

買賣：改變經營方式為宜。

疾病：病大致難治，且病情變化多端，須轉換求醫。患者為心臟、眼、口及呼吸系統之疾病，可能需要手術去除病灶才能安定。

等人：因中途變卦不會來。

尋人：速改變方向，向西、南方尋找。

失物：遺失難尋。宜向西南或西方或許可以找到。

旅行：可以。但會改變日期。

訟詞糾紛：要改變調解之人事，才能圓滿。

求事求職：不可守舊，改變職事有利之時機也。宜速把握良機。

考試：越來越好。

改行：大吉大利。開業亦吉。

三二、☲☲　離為火　離火八純卦

■離象體：

兩離相重，為上下通明，有如日月光明，相繼而作。火為氣體，需附著於某種物體才能現出它的形狀。方能附麗光明。其體一陰居於中，兩陽居於外，則中虛外明。

四月卦：春凶　夏吉　秋利　冬不利

評曰：雉離網中之象，秋葉飄風之意。

■卦意判斷：

離乃火也。火物者，有氣而無形，著物後方顯其形，故有美麗、文明之意。然得此卦者，有心不能定，物易移，又有與人不親和，有損失之時。故宜淳直從人，性急者恐敗事。須慎好色。又有不測之災難或謗言，有先凶後利之象，須考合斷之。

男人占得此卦，有良女為友。女人占得此卦，有紅杏出牆之虞，宜守之。斷之婚姻，為難調，亦不宜調，其婦性無定，退夫家財之象。

■卦象參考：

離火為光明之象，利於公正。物事公正，則心念不為私情所蔽，可以行其所當行之事而亨通之象。又火性躁烈，宜濟之以柔方可蓄制離火之烈，陰陽剛柔方可相輔相成。

雙離之火必烈，其外觀勢必盛大，然內則不符，雖有一時之盛，卻難以持久。大致上急進者不利，且招災，有損財之虞。此卦若於冬季占得，則前途已開始佈滿坎坷矣。

【總結批論】

火：表智慧、明亮、溫暖，卻也有虛假不實的現象。六沖卦、純卦，主大吉大凶、大好大壞之象。也表虛象不實之意。

【應用】

運勢：雖然目前外觀極盛一切順利，可能為假象、虛象，而且雙火之燃，其內部、內情已有所損，又雙火之烈，如烈日中天，故凡事宜守之，勿太急進，待人以謙和、理性，否則必有所損失。宜順從長輩，勿因急躁而妄動或意氣用事，則可欣欣向榮也。

愛情：對方明亮有活力，性急者弄巧成拙，誠靜者其情必有成就。

家運：富有幸福之運，必須保持仁和謙恭，驕傲者，自大招致失敗，宜謙遜處世。

胎孕：胎有不安。女孩或雙生。產母不宜出外遊。

子女：子女眾多且幸福，但有嬌生慣養之嫌，勿疏於教導為上。

週轉：可得到上輩的幫助渡過難關。
買賣：交易必得利，忌用不法手段。
疾病：心臟及眼症，雖重，耐心調養可無礙。虛火很旺，情緒浮動，需特別注意血光意外之災。卜急病有解，慢性久病卜得此卦則凶。
等人：一定會來。
尋人：此人因受到誘惑或煽動而出走。南方可尋，且小有是非。
失物：於南方，附在某物件上，為女性藏去。急尋可得。
旅行：可。但勿太急。
訟詞糾紛：內動則外凶。他人理虧，自取其危，我侵他人卻又成凶。
求事求職：尊重長輩安排。待時機可獲良好事業。
考試：成績不錯。
改行：可極力推展。開業者吉象。

三四、䷶　雷火豐　坎水五世卦

■豐象德：

震為雷，離為電，雷電交作，聲勢壯大，故名為豐卦。又離明智，震威望，明智威勇兼備，必然盛大豐滿。又震為動，離為明，光明正大的行動，必然豐盛富有。

九月卦：春吉　夏平　秋凶　冬平

評曰：俊梟獲雉堆之象，殘花待雨之意。

■卦意判斷：

此卦震上離下，離日驚動合體，日動於天上普照四海，又為雷電一觸即發，其勢盛大。豐乃大也，豐滿之義也。然此卦雖然氣運勢大，但盛為衰之時，故百事不太久宜進，宜退守見好就收也。

豐之所在有伏憂，宜加注意。必有虛言計謀，意外驚險，須慎公事訴訟，口舌喧嘩耳。斷之婚姻，雖可成但不利，男女之間，男人恐犯魚性之災，少女有損名節。

■卦象參考：

此卦象意凡事光明正大者可趨於吉，否則凶象。有似雷電一觸即發。成功就有豐果，否則反也。而且盛衰是自然之道，為保其常盛不衰而逞其能者，不可也，故人宜常保英明之常態，始謂能者。

【總結批論】

豐：表豐收之象。主吉中帶小凶之象。凡事積極奮發可成，有興致高昂，一時天雷勾動地火，閃電迅速達成之意，此卦最利於短期投資理財，感情則可情投意合而速成。

【應用】

運勢：豐者必有所得，明智者宜於最全盛有收穫時，保身明哲。然人多貪而不厭，於滿足，而挺險圖利，終有悔。尤其應注意有訴訟之事，有損財或火災之象。

愛情：熾情，好動，情可成。若得意忘形則有失。

家運：繁華幸福，但為人處事宜守分寸為要。

胎孕：無礙。是頭胎。男兒。若五六爻動，則母子均有險象，或俱亡需特別注意。

子女：對子女宜多加教養，免招不幸。子女眾多之象。

週轉：耐心應對，則可在短時間內達成。利在寅午未申日。

買賣：正直經營可獲利。貪則有失。

疾病：為急性病，需注意是心臟病或意外傷害所造成。神經系統可能受傷的疾病，小心手足骨折、殘廢。

等人：會來。亦會因故而很快離去。

尋人：此人會自覺不安而自己回來。

失物：往東、南方尋可得。

旅行：雖宜但有些波折。

求事求職：有利。職務工作變動大，或外務之類。

考試：及格有望。

改行：不可三心二意。開業者吉利。

三五、䷤ 風火家人　巽木二世卦

■家人象體：

風由火力鼓盪而出，風亦能助火威，有如家人和衷協力，向外發展事業。其體初上二爻為兩堵牆。又巽為長女，離為中女，長幼有序，一家興隆。

六月卦：春吉　夏凶　秋平　冬凶

評曰：從窗見刀之象，有氣無形之意。

■卦意判斷：

此卦長女在上，中女在下，婦女有序能整家道，故名家人。然而得此卦者，雖然家內安寧，但當今守此家人之義者少，故大致有家內難治，爭論口舌，憂苦不絕。故治家之事必須嚴正謹慎。

年輕人占得，有色情之難，凡事以婦人為之即有吉象。可照顧家事，又有立身處事的希望。開始恐有困難，但可得親人之助漸宜。斷之婚姻，和合之，且由地方人士為媒，主可順不可逆。然此卦婦女在內有權，且有婦人因此得勢，審斷之。

■卦象參考：

家人利貞，風自火出。家人，君子以言有物而行有恆，卦象言主婦幽嫻貞靜，治家有道。然風與火均為氣，而有氣無形。上下卦皆女，而有女必出，出而失之。出者嫁也。此卦須知其教化之本，因其所言，必有實際的事物；立事所行，必有恆常的軌範，物事均以身作則，不敢有絲毫苟且也。否則反之。

【總結批論】

家人：表同為一家人。主小吉之象。事事以家人為重之意，如事業投資均需一家人合作共事為佳。感情，為成家之吉象。

【應用】

運勢：平安無事，且有喜事之象，與家人共事者大利。

愛情：有情人終成眷屬。

家運：物事暢達如意，和樂之象。

胎孕：不礙。生女為多。

子女：兒女眾多且孝順。

週轉：難調，但可成，宜找自家親人為佳。謹守誠信可無阻。

買賣：有超值的利益可得。交易可成。

疾病：腹部小病不嚴重。若為心臟病則危重。

等人：自來。且有吉事相告。

尋人：因賭氣出走，不久便見。五、六爻動不安，宜急尋。二爻動無慮，自回。

失物：南方或東南，有失，未得見。遺失於室內易得。

旅行：大利。

訟詞糾紛：得理，雖有憂疑，但無妨。能有合理的處理方法。

求事求職：有良好機會，勿失。

考試：上榜有名。

改行：勿急。開業者可照計劃而行。吉利也。

三六、䷾ 水火既濟　坎水三世卦

■既濟象：

坎水在離火之上，水性下注，火勢向上，水火相濟為既濟。水火相濟、相消、相生、相剋。防範初吉終亂，宜深謀遠慮。又坎為中年男子，離為中年女子，男上女下，地位適得其所，相配稱。

正月卦：春平　夏凶　秋平　冬吉

評曰：芙蓉戴霜之象，西施傾國之意。

■卦意判斷：

水火二物相資為用，得以成既濟之功，故曰既濟。既濟乃既成也，調也。得此卦時，既是事成之後，故不得怠忽防災慮患，若此，其吉可保。但若是只顧目前得志而志滿氣盛，失去保全之道則有凶。此卦尚有往渡口得舟之意，逢好事之義。但為今後可變之卦，故不得怠慢固守貞正之道也。

求財望事，似成而不成。住居愁多，心中當抱困苦。斷之婚姻，用媒人反覆可成，宜慢。然此卦斷婚姻亦可論凶，因水火既濟，亦剋，故有淫行口舌不絕，凡事不得終之象。占事者若為女人，定有失貞之象。論婚為合者，相輔相成既濟吉象，不合者，水火相剋，離散之凶象也。

■卦象參考：

此卦中爻互坎互離，亦是水火，故此卦文交得應陰陽和合，是難能可貴之吉象，陰陽互濟，諸事有成之際。但由於其成而盛極，通亨之象已過大，故應貞固守當，保持其初吉之成果。若驕惰鬆弛，則終致紛亂，故言上半順調，下半恐難終好。若能居安思危，保持貞固之道，可防運勢逆轉，宜知明而有所止，凡事勿過甚。

【總結批論】

既濟：表水火陰陽調和，一時平安和樂之象。主吉中帶凶之象。水火本相剋，因一時環境或人事所影響，而暫時相安無事，但終非常久之象，必有所沖剋而敗。

疾病：陰入陽體相抗衡之中。陰：表外界之陰靈，雖有沖煞之象，但現尚無礙，需盡快引渡處理，免陽氣一弱，終會被陰氣所傷。

【應用】

運勢：功名雙收。極盛既至，但須知物極必反，宜退守為吉，再進則凶。但得此卦者，皆有因一時順利而忘本，大意失荊州，終有人不和、心迷亂之象。

愛情：起初出雙人對，形影不離，久後反無情必散。

家運：生在富家之象，受祖上澤恩而不知珍惜者多，終而破運之兆。

胎孕：生男。二、四爻動生女。秋卜此卦養不成或產母有災。五爻動子難養，不吉之兆。

子女：初時幸福，長大後敗家，與雙親不和，或可能離家出走，甚者有死別之痛，慎之。

週轉：短期可成，長期無望。

貿賣：中途變卦不利。故初時見好就收，莫貪心拖延，否則不利。

疾病：為心臟、腹部、腎臟等之疾病，需視動爻而論斷之。或老人疾病。有一時好轉，隨之病重，凶象也。

等人：已中途折回，不必再等。

尋人：若是常出走之人，小時自回，長大再出走，難尋。甚或不回。

失物：尋得又失。同事人見可去尋堆積處，或勿再尋。

旅行：宜近不宜遠，否則有災。

訟詞糾紛：有理變理虧，有虛驚，宜和解。

求事求職：濟急可，不宜良久。

考試實力有，但需視考期之日吉凶而定，小吉。

改行：不宜。開業者最好慎重考慮，因此卦象好景不常。

三七、䷕ 山火賁　艮土一世卦

■賁象體：

山下有火。西山落日，光焰上騰，照耀通明，文采光華。又六二陰爻為從上卦分出，以文飾過剛之乾體，上九為從下卦分出，以文飾坤體之純柔。

十一月卦：春平　夏凶　秋吉　冬平

評曰：門內競美之象，明不及遠之意。

■卦意判斷：

此卦為艮土之下有離火，火光映山，草木皆有文彩之象，故名賁。然得此卦時，乃物美有成之意，住所衣類、器物等皆專為文飾之時，但山下有火，其明不及遠，小事可成，大事則難成。外觀如萬事順適，然上有阻止者，難得意也。

求財望事可成，但難速成，又因自身短氣而有破。

斷之婚姻必成，但此卦婚姻有破象，或女嫁少年郎，但其緣亦不美。因山下之火，照明不遠，若行遠，光不及必有黑暗。故此卦象徵諸事雖美但卻短暫。

■卦象參考：

離為雞，雄羽色彩華麗，故為裝飾。又離在山下，光焰上照而通明，文彩光華，合二者是不停的美觀。離卦二陽包一陰，艮卦一陽覆蓋二陰，均有美好掩蓋醜態之象。離麗於艮戾山之下，不得其顯，其光亦為艮山所止，象徵人事雖外表看好，其實內在空虛。

【總結批論】

賁：表美麗的外表裝飾。主小凶象。「金玉其外、敗絮其中」最佳解釋。經過有心修飾、偽裝的外表或事情，事業投資、感情皆不宜。慎防有心的小人、偽君子。得此卦者，多喜歡吹捧，且外觀講究華麗，其實是打腫臉充胖子，內在虛空也。

【應用】

運勢：卦象是象徵其人外表好看，內在空虛，因此，必須充實自己，凡事深思遠慮，與人和睦相處，能獲得意外利益。切忌因小失大，更無須為了掩飾外觀而造成不必要的損失。凡事踏實，按部就班為是。

愛情：不可自視太高，也勿把對方及自己都估計太過，須知華麗的外表並不能決勝負，宜相誠以對，若自視太高反不得所愛。宜慎。

家運：外美內虛而不為外人所知，應即時整頓家庭經濟，使其安穩、充實，更須安份自持，莫以虛浮來掩飾空虛。踏實為上策。

胎孕：生男，子母俱有災禍。或有空亡，空喜之象。生女可無險。孕有不安之象。

子女：子女身體虛弱，美麗而得人緣，但有病纏身之苦象耳。

週轉：不宜大，小調尚可。

買賣：有貴人，速決有利。

疾病：為假象之病症。概與心病、心理、情緒有關係。或與沖煞有關。醫藥治療無功效，需審慎詳查之。若為慢性久病，小心有迴光反照之象，甚危。

等人：會來。但遠方者不來。

尋人：已在東北或南方親友家，可尋。四、六爻動則難尋。

失物：東北或南方，可尋。

旅行：可。宜近不宜遠。

訟詞糾紛：有貴人和解，宜速解決，拖延不利。

求事求職：條件勿太苛求，可成。

考試：不理想。但人家以為你讀得不錯。

改行：宜，但勿誇大或太過。開業者吉利之象。

三八、䷣ 地火明夷　坎水遊魂卦

■明夷象體：

離日之光明，掩沒于坤地之下，黑暗之象。離為眼，坤土來加害。眼睛遭遇加害，失明之象。又此卦陰多陽少，致使陽明之勢為邪氣所侵害，陰盛陽衰，不能自立，自傷其明。

八月卦：春平　夏凶　秋凶　冬吉

評曰：囊中有物之象，雨後苔色之意。

■卦意判斷：

此卦乃反晉，離日入坤地之下，為暗夜之象。又因火入地中，火光被傷，不能生明，故日明夷。

夷乃破也、傷害也，得此卦時，君子被小人傷，賢臣被昏君傷，故有身心勞苦，或遇不測災害而受困艱難之時。但此卦為始困窮後榮華之卦，終可出人頭地。亦有與人音信隔絕之意。故須以智慧等待時機。

求財望事有礙。女人占得此卦，有光明被掩，前途暗淡之象，或被小人所害而身心受困，欲脫不能之際，宜慎之。

斷之婚姻，喜不離身，反覆終成，其女無貌，有口舌。得此卦為諸事不利之時，宜謹慎。

■卦象參考：

夷者作傷害與誅滅之意。火光入地，明入土中，成為天昏地暗的局面，失去光明而不見天日。須知黑暗為賊盜惡徒猖獗之時，唯有正大光明可使之匿跡。被黑暗束縛難行、困險者，得循正大光明之力量排除邪惡之黑暗也。慎思可解危矣。

【總結批論】

明夷：表傷害與誅滅之意，火入坑中，陽氣被陰氣所傷害，小人氣盛被小人所重傷，此時需忍辱靜守為佳。主大凶象。諸事不宜，運最背之時。

疾病：此卦為「遊魂卦」，冤親債主索討之象。病症主在心臟、胃腸、若為眼疾則有失明之象，血癌、腫瘤。症狀若輕速處理可改運救之。

【應用】

運勢：逆勢下降，時運未濟，物事勞苦，逢小人加害，光明受到掩蔽而失光明，所以多艱難之運也。有萬事阻滯，遇事迷惑、受災。故宜守貞固之道，忍耐自重，等待時機

愛情：有被背叛拋棄之象，未能被對方接受，不成也，而且受傷很深重。，忍耐自重，等待時機

愛情：有被背叛拋棄之象，未能被對方接受，不成也，而且受傷很深重。

家運：衰弱、多勞，家人受累，恐有詐欺、官符。須知邪惡之人定有果報，凡事心地坦蕩可渡難關也。

胎孕：生女。產母有驚。若四五爻動，子母不利，或胎女有損。有難產之象。

子女：受子女牽連，陷於痛苦深淵之中。

週轉：不成。

買賣：難成，用謀方就。

疾病：為難治之病難。為腹部之疾，或心臟。慢性病卜之，病有不安、嚴重、凶險之象。

等人：不來。

尋人：西南或南方，雖在附近但難尋。

失物：在身上或衣服可尋得。若不在身上衣服裡，則是被某物掩蓋難尋。

旅行：不宜。

訟詞糾紛：見官必難逃走，其他糾紛爭吵有失，和解為宜。

求事求職：日下無希望，須再待時，需防被騙、失財、失身。

考試：無望。

改行：不利。開業不宜，亦不成事。

四一、䷘ 天雷无妄　巽木一世卦

■无妄象德：

雷動於天下之象。陽氣發舒，萬物並育，順從天意，自然之象，為真實無虛妄之象。又乾至健、震主動，合為動而且健，為正大之象。上下二爻五爻剛柔相應，又中正，則正大真實無妄。

一月卦：春吉　夏平　秋凶　冬吉

評曰：震雷逢暑之象，石中蘊玉之意。

■卦意判斷：

此卦為無偽之義，誠也。誠乃天道。夫四時行之，百物成者，真誠無妄耳。然世人能以真誠懇待人者少，故得此卦多半為凶。凡事須深慮、戒慎，否則有災。且此卦多有迷惘，一切事物難通，強行必然惹禍上身，而有所損害耳。

得此卦時，男人恐有醉心於酒色之中者，故應切忌醉心於個人的利益與慾望，貞靜退守則吉，否則招禍也。斷之婚姻，難成，無心相合也。但若是重婚而嫁則可。婚遲。

■卦象參考：

上卦乾天剛健，下卦雷木動，雷木之動必定為乾金之傷所致也。乾金直劈雷木，雙陽之爭其傷必重，故此卦定損女人。又百中蘊玉，　為有志難伸，有苦難言，諸事不能順遂之意。　震雷逢暑，若如晴天霹靂，其驚惶失措難當耳。故此卦象有男人隨意任為，而女人受損難伸耳。

【總結批論】

無妄：表不要有一些空幻的想法，或是你的想法可能有點虛妄不切實際。主小凶。建議凡事要務實、踏實一點。也表示目前所處的狀況，是有一廂情願的心態。或是有點「妄想症」的不正常心理。

【應用】

運勢：無妄的道理者，乃真實無虛要踏實。故若做事操守而能堅貞固執者吉。若不行正道，行為不檢點者，必然有災禍至也。切忌醉沉於利、慾之中，慎之。

愛情：成功與否，須看各人之修為德性而定。然此卦有不順遂、不和，或有被傷害者欲分離之象耳。

家運：有不和之情況，因另一方各受外界誘惑而心亂，須謹慎，否則導致破運。

胎孕：或有驚終無礙。男兒。其性剛強，切勿過度溺愛，否則不受教也。須注意產母有災

子女：注意長子與其父不和而離家出走。

週轉：誠心有望，不誠免談。

買賣：若不要過份苛求，有利。

疾病：雖有虛驚，盡力療養可脫險境。為呼吸器官及神經性之疾病，若意氣用事而不仔細調理則凶也。

等人：一定會來。但有不歡而散之象，宜以和為貴。

尋人：已定遠，不易尋找，東北或西北之向。

失物：海底撈針。

旅行：為公事出差則吉。若私人遠行，但有所交易者，則勿遠行為宜。

訟詞糾紛：多因死亡之事，或因女人不和而爭鬥，終必和，有貴人和事而脫散無虞也。

求事求職：毫無頭緒，勿過於草率為宜。

考試：筆試有利，口試不利。

改行：不宜勉強，開業者可行。

四二、䷐ 澤雷隨　震木歸魂卦

■隨象體：

震雷在兌澤之下，以致池中之水，也跟隨引起了波浪漂盪。又震陽剛長男，兌陰柔少女，陽剛屈於陰柔之下，以剛下柔屈己隨人，隨順和同。又上卦二陽隨一陰，下卦一陽隨二陰，以剛下柔也。

七月卦：春平、　夏吉、　秋凶、　冬吉。

評曰：乘馬逐鹿之象，我動彼說之意。

■卦意判斷：

此卦震雷在下，兌澤在上，雷澤中霹之象，雷震澤亦隨之動。隨乃從也。然得此卦時，以剛下柔，為眾人悅服，為事成之時。又為枯木重茂之卦，物變即吉。有變動居處或去鄉之變。但可變，變則吉也。求財望事有可成之兆，但遲。

占得此卦者，因驚雷動之於澤，澤水隨之感應而波盪，故男人占得，定有妄想相遇之女，宜防女難。女人占得，有被動波盪失節之害，宜固貞正之道者吉。男須防損財。斷之婚姻，有兩父兩母在其中，隨從進前可成就。但若不嚴守夫婦之道，會有不幸後果。

■卦象參考：

隨順和同，是為元善，順者須以貞固自持，方能無咎。澤有雷，故君子知其不敢妄動，即取隨順之道。古時孫臏破秦卜得此卦，知此一戰必勝。論此卦，雷藏於澤底，深之不可尋，為敵明我暗，待勢擊敵於不備必操勝券。故而時機成熟雷震撼於澤，其波必盪溢，又澤之底基被盪，必潰矣。此卦又有二女同居一室之象，故占得此卦亦可斷有兩父或兩母之事，於婚姻宜活斷之。

【總結批論】

隨：表隨遇而安，一切隨緣、隨和。主吉象。事事均可依隨著自己的心思計畫來執行，而會順利地達成。事業、投資、理財、感情，均會有令人滿意的發展和收穫。嫁雞隨雞、嫁狗隨狗，的最佳婚姻卦象。

疾病：因此卦為「歸魂卦」表已受亡魂的沖煞、附身，影響很大了！醫藥治療無功效，需盡快處理不能拖延。

【應用】

運勢：物事均有去舊迎新之吉象，凡事與他人互相通達、協商，可名利雙收。倘若三心二意，或獨立單行，不聽人言勸，有自招災禍之虞。

愛情：目前重於情慾、經濟，依賴心較重，順著時事、心性而行即可，感情如家人般的結合。

家運：本身有相當不錯的收入，富有之象。但不可過於放縱，守操節為宜。

胎孕：無礙。生女兒無驚險，九五爻動，產母有災。

子女：親情融洽，與六親和睦，幸福之象。

週轉：和氣相商有利，意氣用事則難成。

買賣：勿頑強固執，或不採納別人的意見，則交易有利。否則失之，有阻。

疾病：占病凶，須長期治療。亦須注意口部、呼吸系統肺部及肝臟之毛病。吉凶需以動爻、變卦來判斷。

等人：會遲到。

尋人：出走之人與色情有關，不必去找了，過些時日會自己回來，勿急。

失物：遺失可求於婦人，附近之東方或西方，混雜於某些物品中，可尋。或自己誤失，可急尋。

旅行：吉利。有人隨行更好。但此卦亦須防單獨外出，小心無謂之災。

訟訶糾紛：日前無憂，不久有，互有意見。和解為宜。

求事求職：雖吉，然若能謙遜待人，多接受別人意見，會得人提拔。

考試：成績理想。

改行：有充份計劃者可行。開業吉利。

四三、䷔ 火雷噬嗑　巽木五世卦

■噬嗑德體：

震為雷，雷為刑威，離為電，電為明察，雷電合體，相得益彰。初上為兩唇，二三五爻為牙齒，四為一爻橫貫上下齒之間，必須咬斷方能合攏，所以名為噬嗑。

九月卦：春凶　夏吉　秋凶　冬死

評曰：頤中有物之象，夫妻鬧怒之意。

■卦意判斷：

此卦與山雷頤之卦相似。物在口中為梗，欲消此梗，兩唇乃合。得此卦時，乃諸事被人隔，有礙之時，務必去除其障礙，方可達志。

占得此卦者，有為利益而受禍之事，且有不測災難。並有女難、口論公事、訴訟等之障礙，宜慎之。男人占得，有得利之事，女人占得，有受人中傷之情。求財望事雖難調，若以誠實求之終遂。

斷之婚姻為初時多是非，不合之象，且有足疾，後終可成之兆，只是不利。去梗，能以誠相對則吉，否則婚雖成亦不利也。若能誠心一致，和藹相親，可挽凶象。

■卦象參考：

頤者，為口中有物，曰噬嗑。嗑而亨，剛柔分，動而明，雷電合而彰。柔得中而上行，雖不當位，利用獄也。綜合全卦之理象來看，正處剛柔相濟，恩威並用，故利於治理刑獄。處事立法而行，舉動宜光明，否則此卦大致凶。離火於上，震木於下，火燃木，木生火，下木必被火燃燒而失，故此卦有燃木助火之勢，外麗誘而內虛損也。

【總結批論】

噬嗑：表如鯁在喉、難以決策。主吉凶未定，是個狀況卦，有點偏小凶。也如同「雞肋」一般，食之無味、棄之又可惜！是需要堅決下個決心的時候了！因卦象如有物梗塞，必極力咬斷梗物，衝破困難，方可順意。若梗物不除，其後果可以想見，諸事為不順凶象。

【應用】

運勢：諸事不遂心，多受阻害。有紛爭，無法前進之時，宜常守原則，不為利誘，以免被人中傷。然而一般人多有無法逃避利誘者，故必受禍，若能和氣處事為安。更須突破困難方可通達。

愛情：有被人阻礙或橫刀奪愛之事。但勿氣餒，勇往邁進即可成功，否則放棄罷了。

家運：家庭有不和現象，亦常有無法溝通之阻礙。除非彼此能夠排除成見，否則無法融洽相處。

胎孕：秋冬生男，或雙生。六四爻動，產母多災。若是女兒，將來恐會較不聽長輩之教誨。胎有驚。

子女：兒女倔強、反抗、爭吵不休，且不聽從父母之言，不和合也。

週轉：卦已明示有困難，但誠心或可圓滿。

買賣：多阻撓且多是非。但若積極推展，不要放棄，則有利，可成。

疾病：病情嚴重，為惡性之疾。可能有神經方面、心臟、足部及腫瘍之症。

等人：受到阻礙，不能來。

尋人：必因發生爭端或涉嫌重大事件而出走，若不急尋，恐有生命危險，報案為上策。去廟觀市井求之，東、南方。

失物：失此物而有二人爭論之數。可尋東、南方，或夾在某物品中，一時不易察覺。

旅行：宜。

訟詞糾紛：非必要時，宜採取強硬措施。訴之則可得解決。

求事求職：多生枝節，不利。唯有積極去謀求方有所成就。

考試：不佳。

改行：有礙，但耐心排除可成。

開業：吉，中途有是非，宜耐心解決。

四四、䷲ 震爲雷　震木八純卦

■震象體：

陽生于二陰之下，陽氣為重陰所抑，必奮擊而起。又上下皆雷，到處雷動與奮發。但二雷太過，雷動震驚百里，君子觀象，恐懼修省。

四月卦：春旺　夏旺　秋吉　冬半吉

評曰：二龍欲珠之象，有聲無形之意。

■卦意判斷：

此卦為重震，乃雷也，動也。今二雷相重，則二雷相踵而動，其威益熾，故此卦得春氣透發之象，大為奮發振作之時。然而雷為天地威怒之氣，陰陽博擊之聲令人恐懼，故得此卦，其初時陰且難，須保謹慎、戒懼之心，以免有失。又為有聲無形之卦，為事物有驚、有變動之意。又有喧噪之意，須活斷之。

此卦若是未嫁之女占問婚姻，必為兩女爭嫁而處於不利之地位者，可斷其與有婦之夫交往，甚或已孕或育有兒女。因雷之震擊，鬱悶之氣雖可紓解，然其為空物，故斷此女擁空名也。斷之婚姻或成或不成，宜活斷。

■卦象參考：

陰主靜、陽主動，此卦之陽氣為重陰所抑制，壓力愈大則抗力愈強，勢有欲衝破陰爻之象。如男人受女人之無理壓制，恐有大發雷霆，一發不可收拾之勢。然此卦皆二陰壓一陽。此卦恐有二女之患，須省察震雷過甚則失神，必有災咎，不可言亨之象。

【總結批論】

雷：表奮發、震動有衝動不安穩的現象。六沖純卦，主大好大壞之卦象。此卦要注意意外血光，有被驚嚇之情形發生。運動比賽可為吉論。雷通常表示，聲勢浩大，卻是有聲無形虛象之意。與人交往最忌此卦，表面熱心卻只是虛應一番，無誠心，不能用真誠來對待，否則會很失望。

【應用】

運勢：表面似盛泰，但正處於多事之秋，宜慎重，勿自視過高，無益也。有動盪、不安、驚懼之象耳。

愛情：有虛無實，是非、外語雜多。

家運：家中常有變動驚懼、不平等、多爭吵，影響家運進展，宜審慎處理家務事也。

胎孕：生男。第一胎者長男，臨產婦得之無礙。六三爻動，產母有厄難，初爻動，主傷子。

子女：子女多有性剛者，但皆爭氣，奮發，並有少年勞苦老來福之象，有成有福。

週轉：抱持可有可無之心態，因此卦有被反悔之象。

買賣：不可有始無終，否則難成。

疾病：所患是脊髓、神經系統，或急性肝病、手足部之病，病有不安之象，需注意意外血光。

等人：會來，而且會提早到。

尋人：此人臨時起意而出走，但亦會馬上回來。

失物：往東西兩方尋可見，若不見則失矣。

旅行：吉利。臨時起意也。

訟詞糾紛：和勸反覆，但無大害。速調免禍，木字姓的人為貴人。

求事求職：不利。

考試：可榜登科甲。

改行：吉利，為變勁之時機也。開業者可做策劃進行。

四五、䷩風雷益　巽木三世卦

■益象體：

強風快雷，聲勢相長為增益之象。陰陽二氣合體，聲勢壯大。外卦為他，內卦為我，損他而利己。又震代表壯漢，巽代表成熟婦女，二者融合，增益子孫。上卦為乾損一陽之體，下卦為坤益一陽成震，則損上益下也。

七月卦：春凶　夏平　秋凶　冬平

評曰：風拂蘆花之象，朱相利邦之意。

■卦意判斷：

此卦為巽風在上，震雷在下，天地之氣相交生風雷，風雷相交生萬物，凡天地間所生者，無不皆此二氣之相益。因此得此卦者，有人助人惠而得利之意。但風雷激烈而身心受苦，住居不安寧，不慎短慮恐有驚動之事，意外的災難或損亡，出入宜謹慎。

此卦象損上而益下，與損卦相反。巽女震男，象徵男女感情契合，增益子孫。然得此卦者，定受其長輩之照顧，或有所得，因此卦損他益己也。斷之婚姻可成，但有不利之兆，然亦有相得益彰，相輔相成之象，視其人之端正與否斷論之。

■卦象參考：

風雷聲勢相長，為增益之象。損上益下，民說無疆。自上而下，其道大光。卦體量舀損公庫而益人民之福利，則民情悅樂。乾陽入下卦之坤體，有如乾陽下照，大放光明，其道自上而下，貫徹到底。於人象事如此，則可完成大業。故此卦各方面均有增益之象也。

【總結批論】

益：表利益、好處。是由上對下的一種好的給于。主吉象。對事業投資都有相當的幫助，可得貴人來相助、扶持。

【應用】

運勢：乘盛吉之運，可得他人之助而諸事順暢，家業有成。大致吉利之運也。

愛情：相成相益，可成良緣。

家運：有喜悅之象，發達之意。

胎孕：生女，胎有不安。不久產，恐有邪祟侵害，申辰日見。

子女：得家人之喜愛，天真頑皮。

週轉：可成。

買賣：可得大利。

疾病：腳足或胃部疾病，可癒。因有雷卦在內卦，所以可能有小血光應無礙。

等人：遲來。因有好事相告。

尋人：難逢，防有害。若出走者會自回。

失物：遺失之物有變動，深藏於東南方。

旅行：可行，宜注意小有不測、變動之礙。

訟詞糾紛：雙方可和。若因女人田地糧米之事，恐有牢獄之災。宜自修省。

求事求職：大好時機，勿錯過。

考試：成績優良，父母有喜悅之象。

改行：有利。開業者則大有利圖。

四六、䷂　水雷屯　坎水二世卦

■屯象：

坎水在上為雲，雲雷方作，尚未降雨，屯聚蘊結。又雷在地中，未為亨通，又受山阻止。又坎陷當前，遽遭阻難。

六月卦：春吉　夏凶　秋吉　冬平

評曰：龍動於水中之象，草昧不安寧之意。

■卦意判斷：

此卦下卦之震雷欲上，但上卦坎水止之，使其前進不得，萬事欲進而不得進，困難如陷水中之象。蓋承乾坤二卦之後，為創業之始，多端之際，若能忍其辛苦，努力不懈，終能脫困得幸福。

得此卦者，宜守舊常事，靜待時節。斷之眼前諸事均不如意，相談之事得不到結論。求財望事，小可成，大莫取，勿妄動，妄動則不利。或為一己之利或有執意強行者皆不成事。

斷之婚姻，雖為成兆，但因有變，故大致反凶而遲滯。又此卦有再婚、再嫁之象，若女占得此卦，二爻動，更有被惑失貞且毫無結果之困擾耳。

■卦象參考：

此卦為四大難卦之一。屯為難也。下體震卦一陽動於二陰之下，坤為地，象其雷霆震發于地下，而坎險當前，雷之動受陷之阻。

【總結批論】

屯：表剛出生的小草。主凶象。四大難卦第一卦。此卦猶如剛萌發之幼芽，受到雷雨摧殘而損。又如創業之始，困難重重，有辛苦、不如意，和意外之障礙，煩惱頻生，於事物有被阻隔而停頓或有損失之象。因為剛出生的小草，脆弱易折，表示凡事都會很困難，很容易就會夭折、失敗。但是只要有心小心地護持，小草還是有機會長成大樹的！

【應用】

運勢：逆勢：多有困惑，但不可妄進，宜守不宜進。堅定意志，凡事不可為一己之利而執意強行，皆有不成損破之象。宜步步為營，排除困難，始可通達。有初難後解之象。

愛情：不妥協，或已暫時失去連絡，否則就是出現不良狀況而有所阻礙，成就有困難也。而此卦男人得利，女人失利。

家運：多波折，若能努力排除困難，可得通順。

胎孕：不安，產母有虛驚，但可無慮。此胎為男，幼時不好照顧，宜慎。

子女：子女多，有辛苦，但以後可得安逸。

週轉：困難重重，須用心忍耐奔波，但仍不看好。

買賣：不利，交易有損。

疾病：為腎臟部位或神經系統之疾病。病或傷在手足，占病大致危險。苦二爻
三爻變時，即顯凶兆。

等人：不會來。

尋人：出走者不知去向，難尋。東或北方去矣

失物：非急尋，皆不得見也。

旅行：不宜。

訟詞糾紛：小事成忌而粘滯，大事反不為大吉。諸事宜解。

求事求職：不利。

考試：不理想。

改行：不宜。開業不宜，有困難亦難成也。

四七、䷚ 山雷頤 巽木遊魂卦

■頤象體：

山止于上、雷動于下，有如飲食之時，祇動下頰，不動上頰，以口腔取象。又初上奇爻為兩唇，中間偶爻排列為齒，形如口腔，取其飲食之象。為養育之理。

八月卦：春凶　夏平　秋平　冬和

評曰：壯士執劍之象，匣中秘物之意。

■卦意判斷：

此卦為上艮止而下震動，上一陽之下有二陰為上齒，下一陽之上有二陰為上齒，上著頭而止，下動而食物，是即口之用，故名曰頤。頤者，有養之義，故得此卦時，與養人義已有關，須慎言親飲食，若知不善之事，須速改之。此卦雖為養之義，而物有成就之卦，然有時節尚早之意，急者不利。又有操之意，須慎公事、口舌等。求財望事可成，然錯則難速調。

斷之婚姻可成，然終難和。又此卦內體全部陰爻，故有被人陰謀受損而身陷其困，難以脫身之困境。但決不再計謀報復或執意衝突，須知口者有病從口入、禍從口出之意。諸事宜節制，適度即可。

■卦象參考：

口是言與食必須之部位，如果一個人的飲食、言語有節制，則可養身怡氣。假若一個人暴飲暴食或餓過飢、飽傷脾，則對本身不但無益，反害也。同一道理，言之有益，

則適大體，言之無益，千言無用矣。故得此卦若週遭有小人，宜防。若自身計謀損人，則須止之，明哲保身。須知口者是人身之基本為飲食、詰言之重竅也。

【總結批論】

頤：表養、飲食或充實之意也。主小吉帶一點凶。養跟飲食有關，也表示養育

、教育的意思，對情勢需要再充實、瞭解，不要貿然的就下任何的決定。

頤，又與口有關，故需慎防小人口舌之災。

疾病：此卦為「遊魂卦」，與亡靈的影響有關，只是並不是很嚴重。通常是在飲食所引起的病症，如食物中毒或是胃腸、口部的病症。

【應用】

運勢：有欠缺考慮、魯莽妄動之害。若有懷陰謀，與人互相猜疑或爭端者更不利。要守正道而善行之，凡事切忌任性非為。

愛情：不可傲氣凌人。雖有些阻礙，但此情令人意亂情迷，要冷靜觀察。因為頤卦為養，即是食，對自己本身之損益，跟自己吃下去的東西，是相對性質的反應。故宜重新估計對方的價值，是益是損？切勿因情誤了自己的青春。

家運：陷於痛苦深淵，有身敗名裂之象，宜改進言行，冷靜反省，力求幸福才是。

胎孕：頭胎生男，母子無礙。秋冬占生女。春占生男，且產母有疾，宜求香火保佑。

子女：過份溺愛反有害。尤其須注意兒女健康，以免日後因身體虛弱而不能獲福。

週轉：是否成功，要看自己有否誠心。要有人同去或二三處求之後，方得二三分。

買賣：守舊為宜，不宜新事所為，否則不利。
疾病：為胃腸、脾膽發炎。占久病凶兆，久病者險。
等人：難來，中途有礙。
尋人：不久相逢。東北或東之向。他遲我疑，不濟也。
失物：在屋內雜物中尋。屋外則於窟崛中，難尋。
旅行：可。但注意飲食與語言得失。
訟詞糾紛：有頭無尾，我告他人終久不成，若有些利，速予和解。
求事求職：不成。
考試：尚可。
改行：不宜，勿勉強。開業者不利，再待時。

四八、䷗ 地雷復　坤土一世卦

■復象體：

雷在地中振發，為春回大地，周而復始之象。又初九一陽復于始位，反本還原，如碩果墜地而復生為復卦。

十一月卦：春平　夏凶　秋吉　冬吉

評曰：挖地得珠之象，重修破屋之意。

■卦意判斷：

此卦為伏藏於震雷地方之象。以一陽在五陰之下，陰極陽復，蓋反剝乃剝往上復反下，故名日復。復乃反也，此卦擬人事即去惡入善之義，人心雖有不善，但平日未曾不萌一念之善，是為復善不得不自咎，然而此乃一度為惡復向苦事之時，諸事所思必有所成就，有受人相親相輔之意，有意外之幸。求財望事可成，雖有礙終無妨。凡事會逐漸好轉，切記要按部就班方有吉利，貿然急進不利也。尤其不可固執己見。合夥生意有拆夥之象，有被私慾驅使而不聽人勸之害。

斷之婚姻，反覆終成，但須待二度緣或三度相談始調。復亦有「再」之意，宜活斷之。

■卦象參考：

復是循環往復，就是回復到本來的位置，此卦正與剝卦反。剝者，一陽下五陰；復者，一陽上五陰，剝卦一陽被剝後，始由初爻陽生而復始，故此卦有亨通之象。由陽極復反，如春回歲轉，草木萌動，乃天地造化之生機，故利於勇往直前，則有所作為。

【總結批論】

復：表重複再來、週而復始之意。主是個狀況卦，吉凶未定。好事會重複，但壞事也會重複再來的。此卦顯現一種循環的狀態，可能是好、也可能是壞。

【應用】

運勢：一陽來復，萬事甦伸，不久就會好轉。初時不宜急進，腳踏實地則有一本萬利、開運亨通之象也。

愛情：性急則敗，緩可得利。
家運：昌隆茂盛，漸曙光明之象。
胎孕：生男或是雙生。春夏占得，不在此論。三四爻動，主產母有驚懼之災。
子女：子女多，男多女少。辛勞之後必得享福，兒女將來出人頭地也。
週轉：難求，反覆終可入手。
買賣：有是非，故勿太急，可有利。
疾病：為慢性病、會反覆發作，病症主在腸胃或神經系統之症，注意肝功能。
　　幼年多疾，病可治但不易好，宜療養。
等人：會遲到。
尋人：自身反覆終人不動，但七日內可回。
旅行：有利。
訟詞糾紛：乃五人之事，亦無罪，但須數次方可了解。
求事求職：勿太急，可成。
考試：愈考愈好。
改行：吉利。開業者吉利，但宜沉著，勿急躁。

五一、䷫ 天風姤　乾金一世卦

■姤象體：
風力流行天空之下，凡暴露在空間之物體，無不與之遭遇。具體柔爻向上漸長，而與剛爻遭遇，柔遇剛也。

五月卦：春不利　夏疾病　秋吉　冬牢凶

評曰：果樹有頭之象　，鳳出逢鸞之意　。

■卦意判斷：

此卦為純陽忽有一陰來遇，又巽風在乾天之下，風之行天下遍觸萬物。故得此卦時，不拘善惡，時有非所望而卒然相遇之意。又有物之聚散無定之義，故得卦者正處於迷事之時，思慮不定之狀態。又有初親後疏，或始悅而半途不成事者，亦有僥倖因人助獲利而出人頭地者。但此卦五陽一陰，又有犯上受禍之意，故必有可舌爭端，疑惑誤事之情況。

男人得此卦，宜防女災，女人得此卦，有犯色情之慮，並有禍不單行之患。所謂色不迷人人自迷當留心被女色所詐，失財及色劫之害。斷之婚姻，乃多阻撓，若成亦不吉，肉慾重於感情，有口舌並須損財。求財望事有口舌，女人管事有錯。

卦象參考：

姤者，男女相交為姤。姤又可言偶遇之意。例如植物常有藉風之動而散播種子，託此而交姤萬物資生也。因卦象為一陰進迫五陽而上長，致有陰漸長陽漸消之意，故得此卦者，女人會利用女色之兆，亦有因此而得利者；男人必因色損財，受禍之困，且事迫眉睫之時，亦有奸詐邪惡的損害，且是無意中碰上的。

【總結批論】

姤：表邂逅、不其而遇，非預想中的事情來發生。主是個狀況卦，吉凶未定。

逅，會帶來意外之喜、也會帶來意外之災，需視動爻變卦吉凶來論斷。而「姤」意，卜感情通常是有其他的感情發生的跡象、與情色非常有關係。若是卜問此類的事情，就需要很小心，通成都是有外遇的感情發生，或是有因色而遭禍的凶象。

【應用】

運勢：陰長陽衰，男人傾防因色受禍，諸事不如意，不能上進，沉於女色之凶象也。凡事進取宜慎重。

愛情：男女對象均不理想，有第三者出現，因而徒勞無功，會離散。

家運：家運漸衰，不祥之兆。有女人口舌，亦有感情之因，損財之運。

胎孕：女兒在先作福乃吉。孕無礙。然須注意子女均有品性不良之趨向。

子女：子女多有志行不堅定，給父母親增加麻煩，不幸之象。難管教也。

週轉：有意外阻撓，難調，另謀他法為宜。

買賣：不能如意，受奸詐之害而導致失敗也。

疾病：常為外來感染或外傷、外來沖煞等症。有惡化之情況，多為生殖器官或泌尿系統之疾，或結核病之類，宜留心靜養。凶象，但動爻變卦可做吉凶活斷解析之。

等人：女方會來，男方不一定會來，因為途中遇到別的女人之故。

尋人：會在意想不到的地方相遇，如色情場所。尋人不易，西北之力。

失物：遺失之物與女人有關，或許無意之中可以找到。

旅行：可。但切記勿近女色，以為艷遇其實有災。

訟詞糾紛：女人在內，口舌是非播弄之象。多數為女色方面之糾紛。

求事求職：難成。

考試：不理想。

改行：不利，開業不宜，強行必受小人之害。

五二、䷛ 澤風大過　震木遊魂卦

■大過象體：

兌澤在巽木之上，反而淹滅了樹木，為水勢過大之象。又四陽二陰，陽爻盛於陰爻一倍，陽過於陰，名為大過。中間四陽爻象，四根結實之樑，致使初、六兩陰爻，力弱不支，則勢將摧折。又其卦形好像兩條蛇，把身體纏結在一起，桃色糾紛有之。

二月卦：春吉、夏平、秋凶、冬平。

評曰：常山如蛇之象，馬走花街之意。

■卦意判斷：

此卦論其五行，水雖能養木，但木卻入於水中，其養過大，卻害木，大過之卦，顧名思義已知吉凶。又全卦體合之為一大「坎」卦之象，故有洪水氾濫之意。因此，得此卦者，此時有如身陷水中，身心不安，受苦之際。又有強行己意者必有後悔之時。雖然表面不露痕跡，亦有事物不順，諸事衰退，凡事均覺有過之時也。

占得此卦之女人，多有月經滯之疾病，或有久病之象。斷之婚姻不宜，此刻已有不怕稱或有離異之思緒也。未婚之姻，其親門戶相近，卦因為大過，亦有，說不用疑慮，或有三、四媒人始和合之兆。

然此卦有諸事物皆折之意，如能秉持貞正之道，亦有始勞後榮之意。

■卦象參考：

池澤為蓄水之地方。蓄水本為灌木之需，但水份若過甚，反而不能相益，過濕則腐，不但失去滋養之功，反會溺死木也。

【總結批論】

大過：表犯了一個很大的過錯哦！主大凶。諸事不順，切忌此時作任何的決策。需努力找出問題之所在，儘快解決才能扭轉劣勢。故此卦定有險象，宜慎水難滅頂之患，亦有因情色惹上官司之憂。

疾病：大凶。此卦為「遊魂卦」與亡靈或祖靈風水有絕大的關係。不可輕忽。風水過濕入水之象，建議改葬為佳。影響層面應會擴大至整個家族，眾多家人都會受到輕重不一的傷害。

【應用】

運勢：諸事衰退，多煩惱，恐水難或犯官符。有力不從心，負擔過重之象。逢挫折而將墜落之時運，故得此卦者，凡事切忌經舉妄動，否則有過。

愛情：雙方眼光均太高，且各已有相好之人，花心又不實，何需再另談感情之事？無望。

家運：困難重重，搖搖欲墜之衰運。夫妻感情不睦，且均有向外發展之趨勢，若想挽回此破象，雙方宜力圖改進自己的缺點，否則破裂也。

胎孕：女兒或男兒均與六親緣薄，育養困難。

子女：兒女眾多，子女與雙親間感情薄弱，又缺乏諒解，有癥結耳。

週轉：無啥希望。

買賣：不可做超過自己本身財力之生意交易，否則定有折損。亦不成。

疾病：有更嚴重之趨向，為肺部、神經部份的疾病。女占得此卦，有婦女經滯、婦女病、不孕、腫瘤之疾，須耐心治療，疾可治。

等人：不會來。

尋人：不易找到，可向東南方或西方。難尋。但若動用人手共尋找，可見。

失物：小失可追回，大失無望。若是東南向或西向則較有望。

旅行：不去也罷，不利。

訟詞糾紛：乃熟人、親近之人之內患。有文書上的麻煩，求和亦尋無心計。官符也。

求事求職：困難很多。

考試：苦惱也。不佳。

改行：不宜圖不相應之事。開業尚屬虛，且待時候。

五三、䷱ 火風鼎　離火二世卦

■鼎象體：

木上有火，有燃炊烹飪之象。六五為兩耳，上九為鍍，中間三交為鼎腹，初六為足，似鼎而為名。

十二月卦：春口舌　夏吉　秋凶　冬吉

評曰：鼎鼐調味之象，微服過宋之意。

■卦意判斷：

此卦為巽下離上。以木入火烹飪之意，初為足，二三四為腹，五為耳，上為鍍。鼎乃三足兩耳而可和六味之器，故得此卦為去邪從正，遷善改過之義。如此時運，日日大進，事業可為，萬事不宜延滯。

住所或文書方面有口舌，有因小是非而起，宜和勸為好，不然有伽鎖之危。求財望事可成，求他人之力有利。病者占得，有變善或變惡之向。斷之婚姻必成，良緣和睦之象。然已婚女占得此卦，恐有兩女適一夫之象。

■卦象參考：

離者，明也。巽者，入也。內體巽卦，有虛心受益而深入之象。於人言之，耳目聰明，物事進行而得位。上下一貫，志向賢人之願，所以有亨通之象。此卦有創業之象，運開亨通，得上輩之提拔，安定、通達之時運。但以火燃木，木體必有失，須防產物擔保，而損財受害，宜慎之。

【總結批論】

鼎：表三足而立，平穩之勢。另表拜神、禮佛的香爐。主吉象。事業投資應與人合夥為佳，諸事可在平穩中發展。唯對感情、婚姻有凶象，出現三人行的機率很高，有外遇出軌的跡象。只是大家會很理智的來尋求解決。拜神之禮器，另有顯示神佛之靈氣已降臨，機緣已到，亦盡快在家中設置佛堂來拜佛、修持了！

【應用】

運勢：能解決困難，取得事物之穩定而名利雙收，會有不錯的成就，最好新找外人來共事、合夥。

愛情：吉中帶凶，外表平穩順利，可能另有第三者的介入，且在暗中發展不易被發現，需小心或心裡有準備。

家運：生平幸福之運，吉也。

胎孕：不安，不久便產。男女將來皆衷傑，母宜保。

子女：子女均才能出眾，將成大功立大業之趨勢也。

週轉：可成。

買賣：有大利可得。

疾病：為消化器官腸的病症，應無大礙。需注意心臟之症、心火過旺。有變，但可無礙。

等人：一定會來。

尋人：南方或東南方。不必操心，會自己回來。

失物：東南方尋。

旅行：有意外收穫，可行。

訟詞糾紛：此糾紛由小是非而起，宜和解。

求事求職：大利。有上輩提拔。

考試：登科上榜。

改行：有得天獨厚的條件，速進行。開業為吉利通達之象。

五四、䷟ 雷風恆　震木三世卦

■恆象體：

雷為陽氣，風為陰氣，二者為天地之生氣，助長萬物，生長發育，生生恆常之象。又雷藉風力而雷聲遠播，風挾雷聲帶至遠處而吼嘯愈烈，此乃自然之勢。又震動為向外之發展，巽入為向內之發展，各居本位，各循其常軌發展，永恆如此。震為長男，巽為長女，剛柔相應，永恆如此。

正月卦：春吉　夏凶　秋失利　冬平

評曰：並行相背之象，無咎無譽之意。

■卦意判斷：

震男在外動也，巽女在內守也，動靜有分，各得其宜，乃恆久之道，恆乃當久也。又雷風二物雖為至動至變無常之物。但其萬古如斯，乃長久之律也。然得此卦時，為諸事均有涉久之象，速反不利，宜循序漸進，可以成功達志。又其五行均屬木，有漸趨繁榮之意，但對住所有苦勞。凡事不可以一分之見行事，且不宜著手新的事物，求財望事難調，遷居可。

若斷婚姻，初婚者有口舌，長婚則成。婚多可成且長久、幸福之象。男人占得此卦，有得女之歡。女人占得，切勿祇知愛而不知所失也。然此卦須慎防突發疾病和血光之災。

■卦象參考：

此卦宋玉奪韓朋妻，卜得之後果成配偶也。因內卦巽入，上卦震動，動之有入而不外奔，故此卦占問婚姻必定可成。日月得天而能久照，四時變化而能久成，此為天地萬物循環運行之理律也。故此卦可見天地萬物之情，無不安於正常之運作，恆者吉也，宜活用其意。

【總結批論】

恆：表維持長久不變的跡象。主是個狀況卦，吉凶未定。顯示一種會持續很長久的一種狀況。好的或壞的情形，都將會再持續下去。事業投資、感情婚姻都不宜在此時做任何的計畫或變動。

【應用】

運勢：諸事亨通而沒有犯錯方能恆久。其象利於正常固守，並須有毅力持行。

雷風者，知守常則吉，妄動者則不能亨通。

愛情：順利如意，有美好結果。

家運：全家上下均各循正軌而行，幸福家庭也。

胎孕：胎有煩惱，但無礙。主男兒。孕婦有災，酉日占之可免其禍。

子女：與雙親感情融洽，幸福之至。
週轉：不成問題。
買賣：有貴人，得力終成。利益雙收。
疾病：慢性病及宿疾。膽、肝之症，須長期治療不易在短期內治癒，或癌。
等人：遲到。
尋人：外出之人平安無事，會自己回來。
失物：室內可尋東南方：室外宜向西北方。可尋。
旅行：吉利。
訟詞糾紛：因小人口舌而起，有驚無害。宜速謀和解，拖延不利，反凶。
求事求職：向東南有利。
考試：高分紀錄。
改行：不可任意圖謀。開業者吉利可行。

五五、䷸ 巽為風　巽木八純卦

■巽象體：

兩風相隨，方能起鼓作用，等於一再不厭其詳的申述命令，方能深入民心。又一陰柔順的潛伏于二陽之下為巽卦。

四月卦：春平　夏吉　秋凶　冬吉

評曰：颱風覆船之象，枝折幹仆之意。

■卦意判斷：

此卦雙巽重疊，巽乃風也、木也，入也，風行之所，無隙不入，故為順風恭服之義。得此卦者，應遵順卦德之法，從人為事之時。然此卦附剛而立，自不能樹立。亦有百事遲滯不穩之意，須注意。有通遠方之事，有逆風行船之困也。求財望事，少得終不成。

風之流動，快而無形，此卦又雙巽風，一陣一陣的吹，象徵初得小利，再則波折重重。故得此卦者，凡事不可一再依附，當知立人立已之道，否則皆有所失也。

斷之婚姻，男女可能同年庚，會得到有聲名之人為媒。但須知風平則浪靜，風颱則浪濤可覆船，故此卦之婚姻為始吉終凶。若風能平靜，則無濤浪，可吉。但雙風之巨，如何無波濤乎？

■卦象參考：

巽者，遜也，順伏或客人入而順之意。象徵順服而退不出，有委曲求全、順從之意。故此卦凡事宜深入貫徹，公正無私，可有成就，否則其凶險如颱風覆舟也。風者，無實體之物，可以感受它的存在，可以聽見它流動之訊息，但是卻無法保存它和掌握它，而且其動向變化莫測。

【總結批論】

風：表不定之象，時柔順、時狂暴。六沖純卦，主大好大壞之象。不易控制的局面，包括人、事、感情、投資，都是令人很難去掌控的、會有波折和變化。故得此卦者，其性格飄忽不定，做事無定性，其心態平和時，如輕風吹拂，令人怡悅，然而又有突然驟變，暴躁、破壞力強之一面。

【應用】

運勢：此卦象徵多波折，游離不定之運也。此時要處理不驚，堅定意志，物事果斷而隨機應變，不必一味跟從順行。待人接物宜心平氣和，則可得意外之收穫。切記狂風之下必有所損。

愛情：要冷靜。風若和，日必麗。風若凝聚，可知暴風雨將至，終身大事不可不慎。時好時壞，把戲真不少，均輕飄不實也。

家運：家內已生風波，遵照長輩意見與指示方可渡過難關，否則動盪不安。

胎孕：有礙。夏秋占定是男兒。否則生女。五爻動，主有所傷；二爻動，則利母而不利子，宜慎。

子女：養兒育女，可謂無微不至，但有孝順恩情之子女，福也。

週轉：小吉，大則難調。

買賣：好時機，絕對有利。

疾病：內症是性病、糖尿病或胃腸之症。病症在外表大是在皮膚病上，病情變化無常，宜長期調理。重症者速醫，危。

等人：主動約人，有結果。

尋人：此人隱於附近朋友家中，好言相勸可回。大致是吵架出走，若是債務糾紛尋人者，注意發生衝突損傷。東南方位。

失物：東南方可尋。混藏於其物品下面。

旅行：可。

訟詞糾紛：不易和解，託地方人士調解，二人可調。

求事求職：不能達到理想，可隨機應變。

考試：吊車尾。宜多用功。

改行：需看情況，但必有所變動。開業可行，但勿太急，慢慢進取有利。

五六、䷯　水風井　震木五世卦

■井象德：

木上有水，樹根入地，吸收地下之水營養樹身。巽木在坎下，象徵汲器入井，取水而上。又巽進入，坎陷落，地面陷落進入形成井。

三月卦：春凶　夏實　秋吉　冬有氣

評曰：海人水魚之象，病夫行市之意。

■卦意判斷：

此卦為坎上巽下，巽之木入下坎取水至上，為汲井之象，故曰井。然已修井德以汲養惠人為其遇。又井有節之意，節井水備養，猶如節財備用，故應體會節儉之意。又井字通刑字，忌公事訴訟，有刑戮之意，亦有少通大滯之意。

有思不定，居所有虛驚，含憂之意，宜慎。求財望事不成。

斷之婚姻，久說方成，有分開再合之象，故宜遲可成，後有口舌之兆。得此卦之男女，宜防感情之事有損。

■卦象參考：

巽為入，坎為水，巽在坎下，有汲器入井汲水而上，供人飲用，有養人之功，取之不盡。井是出水之所在，坎陷為地上凹陷而成井。井卦是以源泉之活水取象，都邑可改，井泉常在不隨便改移。其水汲之不竭，注之不盈，可常供來往人用。古時用陶瓶汲井水，容易碰碎，故此卦也有虛驚、凶險、破損之凶象也。

【總結批論】

井：表小水之源，有格局小卻只要能過活的保守心態。主小吉象。井水雖不能種植、畜養，卻能養人度日，顯示心力之有限，不能做太大的計畫。也另表示視野沒有很寬廣，比較短視，保守心態重。

【應用】

運勢：缺乏衡力，因井為靜而不能移之物。故凡事已無法進取，不如守之泰然。

愛情：任其自然發展，但情況不怎麼好，有破裂之相。

家運：諸事宜心平氣和處理，守其井水，供來往人用，為守舊之義。諸事宜防有變。

胎孕：宜防有不成之兆。生男兒。欲產不產，防產母有災，作福祈保可平安。

子女：兒女有順良之象，宜防血光。

週轉：無望。再待時另調。

買賣：尚可，但不可大作為。小交易有利。

疾病：腎、膀胱、尿道等生殖器官之疾。病重長，臨時之疾宜注意治療。

等人：儘速再連絡，遲來。

尋人：東南或北方可尋。

失物：在室內，可尋，但難尋。

旅行：不宜。

訟詞糾紛：有三四人牽連。不動產之訟宜和解，有刑戮之象。慎之。

求事求職：安於本份，換新的工作也是小工作。

考試：尚可。

改行：不利，守之尚可。開業者不宜，此卦有破損之象。

五七、䷑ 山風蠱　巽木歸魂卦

■蠱象德：

山下有風，風被山阻擋而不流通。阻止發育與繁盛，致腐敗生蟲。又艮止，巽伏，巽為靜止不動之象，腐而有蟲為蠱。其體上剛下柔，剛爻橫阻於上，柔爻被迫於下，動彈不得，如器皿棄置不用，久而敗壞。

正月卦：春平　夏吉　秋不利　冬凶

評曰：門內有賊之象，石上栽蓮之意。

■卦意判斷：

此卦山上風下，山下有風之象，風入山下閉息不出，即物腐生蟲，故名曰蠱。

蠱乃蟲於器皿之內。得此卦時因彼我之間意氣不通，不能成事，因循敗事，又有災難不在遠方而起於近處，不為外而由內生起之意。故占得此卦定有內賊，而物定有損，須慎之。為諸事有艱難迷惑之時，尤應注意親子間的苦勞或爭執。

此卦占得者，諸凡不稱意或損失，均屬自己身旁之人所為。亦有與親人疏遠，有失居所之可能。親人者，如感情交篤之友。求財望事難遂。

斷之婚姻，為多障礙、多辛苦、多難之不利姻緣。更有女子吃虧之事，若外求則吉。故斷此婚終必破，且女子必再婚。外求者必因其原配已腐臭又生蟲，另覓新侶則吉。朽木不可為雕，當然棄之也。

男人占得此卦，有色災或性病之害，女人占得，則有桃色糾紛或再婚緣之象。宜活斷。

■卦象參考：

上止下入，風入山而止，其內部不流通，必腐而長蟲，且蟲愈長愈多，而因上艮為止，已無入物可食而引起同類相殘。此卦教我們處在混亂時期，要注意革新的時候。因事物的敗壞，可以整治修理，使之復元如初，故有元亨，象。欲求革新，使物復元，使事亨通，不是輕易之事，須計劃週密，方能做得合理。故凡事要盡心策劃，事後認真檢討，俾得革新之效。得此卦必須有計劃的策改內部。

【總結批論】

蠱：表受到蠱惑、毒害的現象。主大凶象。蠱毒是因內在腐朽而生蟲化毒，顯示問題的根因存在已久，卻未誠實面對處理而導致愈來愈嚴重。若是動爻在外，則表示被外來的小人所害，其怨恨根結甚深。易做出錯誤的決策，概大都被人所迷惑、而一時心神錯亂引致禍事。若是動爻在內，得此卦者，必是受內部、親友、同行之人所累致損。

疾病：此卦為「歸魂卦」，為內在之冤親債主來有所催討。其病甚兇險，應儘速尋求癥結來化解。

【應用】

運勢：諸事不如意、積弊已深，未能進展，氣運雜亂。逢此宜鼓起勇氣，大膽加以革新，有內憂外患之象。

愛情：關係複雜，尤其男人到處留情，苦惱多，終會一刀兩斷。另覓對象可吉。女子若是再婚者，其前夫不良，且已斷緣再嫁。

家運：家庭易生煩心之事，不徹底改革有破家、損財之象。

胎孕：生男。若第三爻以上動則不成。亦主患手或膿血之災。宜求神保佑。若五、九月占卦，三爻動則大凶。

子女：子女多為品性不良，到處滋事，雙親不堪其憂之苦象耳。

週轉：信用不好，週轉無望。

買賣：交易不成，另謀生計為要。

疾病：為內臟惡性疾病，主在胃腸、脾膽，有生命危險，失時效醫治者凶。冬季占得險象也。

等人：中途有變，不會來。

尋人：因家庭感情失和而出走，或與人私奔，於東南或東北。

失物：難尋。

旅行：有險。不宜。

訟詞糾紛：自己人的桃色糾紛，不易解決，會拖一段時間。

求事求職：不利。

考試：落榜。

改行：棄舊迎新吧！或革新內部人事。色情有關之業。

開業：不宜，有損財或官符之災。

五八、䷭　地風升　震木四世卦

■升象德：

樹木從地裏向上升長，為進升之象。又坤柔順，巽從事也。柔順地從事，則與人無爭。懷才不求自表，見利不與人爭，乃學問道德之進境。

八月卦：春吉　夏吉　秋平　冬平

評曰：橋上來往之象，三月有悅之意。

■卦意判斷：

此卦以巽木在坤地之下，木之種子入地中，依坤土之養育日夜發生之象，故謂升。升即上進，故此卦為運氣漸進，達到目的之卦，然而登高必自低處起，行遠必從近處進，不可先其時，又不可後其時，靜待而漸進。

此卦有疑而不決，窩不足之意，雖能出人頭地，但有勞苦。且得此卦者，夫妻有口舌過失，宜慎之。

斷之婚姻，開始有口舌而後凶之象，或有訟，極力而得，但終凶也。

■卦象參考：

升是由下漸上進升，為亨泰之象，才人之尊格，是偉大的人物所見用。卦象能由初生發展而為吉，不時在推進，故柔而時升，是順乎理勢，及時推進而至大亨也。

【總結批論】

升：表一種情勢有如乘風而起，會越來越旺。主是個狀況卦，吉凶未定。有點偏小吉。尤其是在氣運的轉變中，將會顯現得很明顯。此時可以做一些計畫，但還尚不可執行。又風行地上，柔而時升，和順而德，必得要領而上進之意。

【應用】

運勢：諸事向上發展，開運之象，南方有吉慶，可名利雙收也。

愛情：不宜過急，慢慢追求可成。

家運：漸進而升至繁榮，積小以成大之吉運。

胎孕：生女。不宜修造動土，修造必犯產母。

子女：子女漸有成功之象，可賀。

週轉：勿太過急，可成。

買賣：多有利，應於亥卯日。

疾病：腹部、膽或下部疾病。病重、可能於近日內會有巨變、不利。

等人：遲到。

尋人：動身則見，但恐自身有阻，與他人同去可，宜向北方。會自已回來。東南。

失物：可尋，但遲。

旅行：吉。遠行有利。

訟詞糾紛：宜進不宜退，堅持可成，緩則無大吉也。

求事求職：有利。

考試：進步。進取有利。

改行：吉利。開業者吉利，漸漸獲利

六一、䷅ 天水訟　離火遊魂卦

■訟象德：

天為氣體上升，水氣向下流注，兩者相背而行，無法親和。訟端即起。

其德上以剛凌下，下以險伺乎上。一人言，內險而外健。二人言，己險而彼健。健險相持。皆欲求勝，必訟之道，故曰訟，乃爭之凶烈。

二月卦：春 凶　夏吉　秋吉　冬凶

評曰：天水違行之象，田獵無獲之意。

■卦意判斷：

此卦乃乾天昇於天，坎水降於下，故有乖違、背情、悖意、生訟之象。得此卦者，必有身心不安，或有與親族、他人之間發生爭論之情，故務必避免爭訟、宜和平對人不可背心，應隨從長輩之意，不可執意性凶。得此卦須防盜錙，亦有受嫌疑而親人疏遠之意。

訟者，必有爭端，否則不會無端興訟。然訴訟並非好事，凡事只求平反，中道而止，

勿過於爭，否則，不論勝敗如何，均俱受傷害。倘若情非得已，行險悖勝者，亦有如人行過大河，隨時都有滅頂之禍，必有後顧之，不得不慎。

斷之婚姻，口舌是非繁雜不成。但此卦象亦宜據理者宜進不宜退，只限婚姻之官訟，其中原委人、活斷之。若有遷居改恆產之類，必有驚動，故不宜。

■卦象參考：

訟者，言與公也，必言之於公堂之上。天水相背，與物相爭。此卦內險外剛，既險且健。下卦坎一陽陷於二陰之間，中情窒塞，冤致訟。得此卦者、若止於口舌則不成大事。若外卦、六爻動、即有他人訟我，須防因小失大，凡事不宜險進，退守為安。

【總結批論】

訟：表訴訟、爭端之象。主大凶象。事情衝突必須到見官上法院，可能必須以

法律途徑來解決了！凡事皆不利，而且已引起很大口舌是非爭執，而必須攤牌互相攻擊的程度了！

疾病：正是生死的最大關頭。此卦為「遊魂卦」，表人的心魂、靈識都已不全游離了，病症主在腦、中風、腦部腫瘤。或腎臟、尿毒、急性尿毒症。

【應用】

運勢：百事閉塞不通，傷害頻繁，受中傷而又易陷於奸計，不如意之運也。得饒人處且饒人，得過且過，莫再爭訟，否則皆不利也。

愛情：多事之時，是非頻頻，受中傷不易成也。

家運：家庭內部不和，有口舌爭端之害，並有散離之象，力持仁與和，運破敗，離散之凶象也。

胎孕：男兒。生產無驚阻，安也。生男是三胎。

子女：父子之間存有歧見，無法溝通之象。子女生來勞碌，與父母緣薄，多辛勞憂苦也。

週轉：不得要領，難成。

買賣：因處理不當，有衝突爭端，常招損失，不利也。

疾病：嚴重，除了儘量醫治外別無他法。所患為腦部、外傷頭部、腎臟與血液循環系統之疾病，多病之象。

等人：不會來。就算會來，雙方必有爭執情事發生。

尋人：此人因爭執事由負氣出走，並有生命危險，又尋找不易，儘量往西北與北方尋找。

失物：因左右之人而失，不必找了。即使找到，亦必有爭端，不如破財消災。

旅行：不宜。

訟詞糾紛：不利。兩敗俱傷。最好由中間人調解，再爭無益也。

求事求職：難成。

考試：不理想。很差。

改行：不利，開業不宜。

六二、䷮ 澤水困 兌金一世卦

■困象體：

澤水注於坎陷。水洩於下，則澤渴於上，為窮困之象。初爻、三爻、上爻分別將陽爻絆住，為受困之象。

五月卦：春吉、夏凶、秋平、冬凶

評曰：鴉啼枯木之象，澤中脫濕之意。

■卦意判斷：

水往低處流，故兌澤之水悉漏，致澤中無水之象。又互卦為巽，巽為木，水竭木即枯，故困者如獸陷阱中，被入困不能出之意。此為四大難卦之一，困難之極。

得此卦者，為艱難、困窮、不能達志，且多辛勞之時。此卦以兌女在外、坎男在內，必主家中所有困苦之事多由女者承擔。擔重也。

若女人占得此卦，可斷其夫外有女色，且其家運為破財之困，因內陷外悅。又男權為女勢所蓋，必有反抗之日，亦主夫婦不和，常吵架打罵也。故女人必有為感情之事困擾。

斷之婚姻終可成（未婚者之斷），且入贅得財，因卦象澤水洩於陷坎之水，水旺。然俗兮「水到渠成」，雖此卦為困且難，但應視事而活斷之。若斷未婚者之姻，以其卦之困與難斷之，恐有誤也。

■卦象參考：

困窮之中，仍不失通達之心者，唯君子有這般氣度。因為徒尚口舌，向人喋喋不休並不能解決困境。真君子則能守之安泰靜待時機，得貴人相助而出人頭地。但真君子者少，能於困中而悟，處之安泰者，唯覺者也。所謂「十年寒窗」，故學者得此卦不可斷之以凶，因凡事入難挨過後定有繁榮，尤其學者為最。「寒窗之下、有狀元郎」也。

【總結批論】

困：表有很大的困難被困住了。主大凶象。四大難卦第四卦。四處無援，最困難之時。事事很難再有進展，只好接受現狀靜待時機，是此時最好的選擇。

【應用】

運勢：不如意，被小人欺，勞而無功，破損之災。一事難成，運衰也。宜守己待時。

愛情：失敗之象，難成氣候。

家運：家庭之主有屈於下風，被內助壓迫者，亦常生反彈，吵架滋生。為黑暗時期，宜忍辱負重，期待黎明到來。若不謹守正道者，有失和、破兆也。

胎孕：生女。胎安。此女將來勞碌命格。

子女：有無後者。再就勞苦之命，但行為端正者，終可得福也。

週轉：求人不如求己，凡事需量入為出。若為女色破財，當然求助無門。

買賣：不能如願，有挫折。

疾病：嚴重且危險，為下腹部之病，宜注意花柳病、性病、婦女病。若是為口、股之外傷，其病可治。

等人：受到阻礙，不來或遲到。

尋人：途中可遇．來者自來也。

失物：遺失之物不出其門，或存箱籠之中，但難找。

旅行：不利。不宜遠行。

訟詞糾紛：上九爻動，防牢獄枷鎖之災。故凡事宜得過且過，太計較不利也。

求事求職：不得時亦不得意，再待時機。

考試：不理想。

改行：不宜。開業者須再待時。

六三、䷿ 火水未濟　離火三世卦

■未濟象：

水性下注，火勢向上，水火不交合則未能相濟相成。又二氣相逢，交位陰陽不順，事皆倒置。蓋火在水上，兩無所成。

正月卦：春平　夏凶　秋平　冬吉

評曰：曉光浮海之象，花落結實之意。

■卦意判斷：

此卦為離火在上，坎水在下，水火未交而不為烹飪之用，故曰未濟。未濟者，乃未成也。因有今後水火相交而至，為事之義。故得此卦時，雖事有未濟，但若期勉其濟，終必濟。若尚未濟，安之，而不求其濟亦可未濟而終。凡事務必用心促其成就。故求財望事雖有可成，但遲。

象於人，離女在上卦，坎男在下卦，有女強於男，故此卦有婦凌夫之象耳。占得此卦之男人，有較女方窮困而常受其辱之情，又坎之中男恐其志不夠堅強也。又女人占得此卦，宜防外遇。因此卦為女人有悅，而男人有窮苦而後宜，之卦象也。

斷之婚姻為多勞，可成。但有先難後易，但其女有情色慾望過重之情。

卦象參考：

此卦男在內卦，女在外卦，女外而壓男內，故有不得其位，違反民情之勢，因此不得相濟之功。古時聖賢體會水火為既濟，火水為未濟，此兩種理象，以辨別事物之異，以明當如何適當調配。以正確的方位相濟而成或互相消亡，此乃平衡之學理。然此卦為離火向上延伸，坎水向下流注，水不能剋制火勢，故有男弱女強之象。因離女之火無水可制，故斷之淫亂也。但不可以此斷其運差。

【總結批論】

未濟：表陰陽不調和，氣血不順。主凶中帶小吉之象。人事、情緒不順應是最大的影響主因。幸好此卦會有否極泰來之變化，一切均會雨過天清的。值的等待。

【應用】

運勢：氣運不通，諸事不能如願，有初衰後盛之數。凡事要有耐心去突破難關，前途將大有可望。此時宜採取篤實的方針和毅力，能夠努力建立自己者，可名利雙收。與人共謀事者，終有大利，可為之。

愛情：剛開始時意見不能溝通，格格不入。若能試著去接受對方，可成也。

家運：初運不振，耐心熬過辛苦的路，可得幸福。

胎孕：平安。內動爻生男，外爻動生女。又頭胎生女，二、四胎生男，五胎生女，不久當產。

子女：子女遲得，但眾多且多勞。但終有繁榮之象，將來都能振奮家聲，以慰祖德。

週轉：有不少困難，成敗各半。

買賣：初限不佳，漸有好轉之象。

疾病：為下腹部與血液循環之症。病情很不穩定，似有危險，宜留心調理，否則凶。占得此卦者，年輕時其體必弱多病，至中年後才逐漸康健。

等人：雖遲到，但有吉兆。

尋人：上九爻動即見，六三爻動可尋。其人為情不和或家不和而負氣出走，會自己回來。

失物：在香火佛堂或水邊不遠處或混在某物中。北或南向可尋。

旅行：因有意外而影響行程，不宜遠行。近可。

求事求職：枉費心機，無希望，再等候時機。

訟詞糾紛：就算要和解也煞費周章。拖些時日有貴人化解。

考試：不錯，有好成績。

改行：可進行。開業吉。勿因初時不佳而灰心，生意會轉興隆。

六四、䷧ 雷水解　震木二世卦

■解象德：

震春、坎冬，為冬去春來。又震動而下雨，雷雨交作，則天地之鬱熱之氣解散。又坎為險陷，震為動盪，從險境中撼動擺脫，而得免乎險為解也。

十二月卦：春平　夏吉　秋凶　冬不利

評曰：涉川未乾之象，雷雨緩散之意。

■卦意判斷：

得此卦時，即可解脫從前之險難，但僅為脫困，而喜未至。元氣未復之時，猶如人病之初癒，血氣未復之際，又因困難始去，欲加害者猶在，務必去除之。諸事宜早日進行策劃，遲即難調或遭破壞。有與遠方通交之意，可得有力人士，宜速謀良策進行，遲即有錯。

斷之婚姻可成，但有不測之妨礙。故稍有帶破。男人占得此卦得利，女人占得此卦不利，有春情之動。若是能結成姻緣者吉利，名份未定者定有損節，宜慎之。

■卦象參考：

雷上坎下，中爻約坎互離，坎為水，震為雷，雷雨交作則能解散熱氣，故曰解。然解是化散而潤和，又言處理、化育、化氣。此卦楚霸王項羽受困垓下卜得之，後果士卒潰散也。因本身陷於坎困，而外卦為震動，外動而內困，故其兵士潰解也。

【總結批論】

解：表困難解決之象。主凶帶小吉之象。冬雪春化之意。冰凍三尺非一日之寒，事出有因、但已是到該解決的盡頭了！只是化解之日還很長，要抓住重點方向，好好努力堅持下去，還是有可能再成功的。此卦有春雨初降，大地潤和，萬物欣欣向榮，動物受春情之動，雷雨交接承歡，滋養萬物之象也。於人事可化干戈為玉帛，均為解也。

【應用】

運勢：順勢而行，速把握良機、堅持努力，快速處理可成。貴人在遠方，有助，宜出外營謀。大運在西南。

愛情：不用猶豫，堅持可成。
家運：初有困難，但難關已過。開花結實之兆。
胎孕：生男。孕安。須防產後之難。
子女：初時因子女牽累而勞苦，但其子女越長運越好之兆，故苦後得甘，已可得到幸福。
週轉：速進行可成。延遲不利。
買賣：即速交易，可名利雙收。
疾病：為腸胃、神經系統之疾。若是近病，小危。但占長病有治。
等人：一定來。
尋人：北方尋之可見。
失物：遺失不得全出。
旅行：吉利。但莫乘船，其他可以。
訟訶糾紛：忌四月，不古。雖不成事，亦主留連欲散不散，若有見官，三五次皆無事，丑未日分曉。可有利解決。
求事求職：有貴人相助。
考試：題榜在望小成。
改行：速改有利。開業者有很大的展望。

六五、䷺ 風水渙　離火五世卦

■渙象體：

風在水上，水面被風吹動，流動四散為渙。又坎為冬，為水；巽為春，為風。春風吹到嚴寒冰雪上，冰雪解消之意。又水勢受風力鼓盪而起波浪，人心渙散則天下亂。風止則浪平，人心團結則天下治。

三月卦：春平　夏吉　秋不利　冬吉

評曰：順風駕帆之象，萍水相逢之意。

■卦意判斷：

渙者，流散、渙散之義也。得此卦時，為我難彼順之象，雖陷困難卻為渙散之時，故雖有憂患罹身，然心安。又有物品散亂之義，須注意損失，但遠方交涉即吉。求財望事難成。又恐有不測災難或蒙受損失，且有住居勞苦之象。遷居宜。斷之婚姻終可成，用二人為媒。得此卦因坎之水被巽風吹而散渙，故有較為任性、放縱之格。男女均宜防色情。

■卦象參考：

此卦雖有涉大川之險，但不必畏懼，如此則可涉水而過，凡事不可怕艱難。象事於人物事，能結合人心，利於貞常正固，正可應事感召達吉象也。又此卦中爻約艮互震，有止有動，有土有木，其內部有不和之象，故宜在不穩定的情況下建立自己，不可毫無主見。收拾渙散之局，重整聚合之義，始吉。

【總結批論】

渙：表渙散、離散之象。主凶象。心神不寧、精神不佳，人事向心力均已離散，有頹廢不振的運勢。事業、感情、婚姻根基開始有鬆動的情勢產生。人的心緒、沈悶是最大的影響。若能穩定情緒、定下心神，應會再恢復以往的神采風光。只是大地萬物，有聚必有散，有散亦必有聚，每一件事物，散仍可復聚，此乃消長循環通亨的道理，此卦若在成卦，則可看變卦再來論吉凶。

【應用】

運勢：初有小損，但終可解困而心悅，凡事小心則百事亨通，任性放縱必敗。遠方物事吉利，但宜守其常。

愛情：因有一些小障礙，而可能會造成離散之象，外在因素，情緣仍在，有可能在復合。

家運：起初有損，有波折且困，但可漸入佳境。

胎孕：臨產婦無礙。否則男胎當生難養，有犯，致胎不足，未必為喜。女胎則此胎孕有不成之象，損或母子均礙。因此卦犯動胎氣，宜慎。

子女：雙親百般勞苦為子女，而子女深知父母養育教導之恩，多得良好配偶，並有才藝之象。

週轉：目標準確則有利，否則波折多亦難成。

買賣：雖難成，客戶會再回來，但忍耐些時日可有利。

疾病：幼年體弱多病，多有逐年漸康復，但體質亦弱。病大致凶，須依病情之新舊論斷。因此卦雖病不穩定，有險象，但亦有解。

等人：不一定會來。

尋人：難尋。相約者前者未定，後者可相尋，有信即可速動。

失物：散失，難尋。得亦有損。

旅行：吉。但勿近水。

訟詞糾紛：宜緩，待成見已散時，再調可成和解。

求事求職：雖有挫折，但可成。宜耐心。

考試：尚可，宜再加油。

改行：擇時視勢而行，不必急於一時。開業可，初時有小挫折，勿驚。

六六、䷜　坎爲水　坎水八純卦

■坎象體：

兩坎重疊為活水通源，後浪推前浪，相繼而至，重險。又爻位一陽而陷於二陰之間，有如動物陷入洞穴中。

十月卦：春吉　夏凶　秋病凶　冬不利

評曰：二人溺水之象，載寶船破之意。

■卦意判斷：

此卦為重坎，坎為水，為陷，為險。故以重坎而進固險，退亦險，為進退兩難，困上加困之象。然而此卦有住居不安，憂患多，又遇病難盜難等非常災難之意。

但若人能忠誠有信，勇往直前，必能脫險奏功。此卦主有女禍，更須防外誘，宜下不宜上，雖事多反覆被阻隔。求財望事不宜。

此卦有二人連行之意，或有私奔，或無故出走不歸者，但後可得知其去處。斷之婚姻，多反覆而進退不是，多折磨，受阻難成，為此而困且險也。此 卦雖凶險至極，然得此卦而能脫困解圍者，必有智有勇氣之人，須知今日之苦可換來明日之福。然此卦多數以凶象論斷，因有大智大勇者亦難占得此卦。為四大難卦之險卦。

■卦象參考：

坎為險，雙坎則險中有險，如人陷於深水之處，有遭滅頂之患。因之此卦於人事物之危險不言可知。水必有魚，故男人占得必有魚水色情之災，女人占得亦有敗節受困之惱。故得此卦者宜處處小心，隨時留意警惕，因其險象重伏，女人出入宜小心。問病占得，有不治之象，慎斷之。

【總結批論】

水：表陷溺被水淹滅之意。主凶象。四大難卦第二卦。困難已到來了，此時正在掙扎中，隨時會被淹滅而破散。若能破釜沈舟、奮力一擊，或許尚有轉機，需積極尋求貴人幫忙，才會有生機。

【應用】

運勢：危機重重，宜容忍自重，保持心境開朗，沉著應付，則可有脫險之機。吃得苦中苦，方為人上人，凡事莫與人爭長短，否則有不幸災害。

卦重險，諸事宜慎防血光之災。

家運：時運不濟，陷於困境之中，不和，且有分裂之憂，凡事宜慎重行事。

胎孕：非是長子，合是次胎。生男。臨產有虛驚，難產之象。

子女：子女多勞苦，宜忍辱負重，會有出人頭地的一大。子女宜防水厄之災。

週轉：難成。

買賣：虧損。

疾病：腎臟、生殖器官等部位之疾。久病者凶，近病者小凶可治，速醫或可救。

等人：不來。

尋人：此人因家庭不和或不得志而出走，亦有尋短之象，速尋北方水邊，否則此人有涉水滅頂之危。

失物：難尋或被盜。

旅行：不宜；尤忌游泳、近水邊，有被水淹滅之勢。

訟詞糾紛：有田土事之爭。二三調不順，有理亦不可因有理仗勢。或盜賊之訟。但此卦不宜訟訴，有險。大不利之象。

求事求職：不利。

考試：不理想。

改行：不宜，應暫時守住本行。開業者不利，有陷入困難之象。

六七、䷃ 山水蒙　離火四世卦

■蒙象體：

山下出水，象徵童濛純潔，及時施教，必可致亨通。又坎水在內，陰陷不安，艮止于外，行之不去，莫知所往，昏蒙之象。

八月卦：春凶　夏平　秋不利　冬口舌

評曰：巖險雲煙之象，花生未開之意。

■卦意判斷：

此卦以下卦坎為夜半，上卦艮為平明，黑暗而不明。又艮為少男，坎為惑疑，共為蒙昧之象。又為山下出泉，泉水流出未知其所行，故曰蒙。蒙者，昏而無所見。

得此卦者，為受蒙昧之時，雖為智者，亦須以童蒙之意處事，捨己意遵從長者意見。然而有逐步得童智之意，故須知逐漸向宜也。

蒙有若被人矇住眼、耳，故凡事隨人行，縱心中有苦亦難啟口，言出亦急不成。求財望事皆難調，或被疑或受妨，久而事難成。有因不明事理、缺乏果斷、物事猶豫不決而誤事，有言行過度或慾望過高而遭人厭惡。

斷之婚姻難成，謀人不得力，又有人說破。緣寄遠方，不宜近處，故婚宜遠求。男女占得此卦，均有被矇在鼓裡受損被騙而不知之象耳。

■卦象參考：

蒙者，不是要我去求童蒙；而是要童濛來求於我，以人象事，遇事必須誠心求教，蒙昧之道才能啟發。如人求學一樣，要求初筮那般虔誠求教，虛心接受教益，如果三心二意，則不可教也。求學的原則，自始即利於正道，決不能稍有怠慢或急為皆不宜，然而將事物一一分開終有成。

【總結批論】

蒙：表被蒙蔽不明之意。主小凶象。事情迷濛不明，不宜輕信於人，此卦易犯小人，需誠心求教於有智慧經驗的友人長者，受其啟蒙開智慧，方能轉危而安。若是一意孤行必現大凶象。

疾病：是虛象。應盡快轉診另求診治，會有誤診的情形發生。主病症在脾膽、腎臟、婦女病上。

【應用】

運勢：氣運不發，多迷惑。初時不順，須忍耐待機，漸可佳。切勿貿然行事或為人認保、作保，否則必有損失。凡事宜從上輩教誨，則運可通也。

愛情：此卦為未啟蒙之卦，致落花有意而流水無情。主要是缺乏勇氣與決心，致不成事也。若有成，此卦亦主勞碌耳。

家運：初時辛苦多端，上下無法溝通，只要以誠相待，必有開運之時。

胎孕：胎孕無礙。但三爻變即危。該是男兒，若生女則不利產母。

子女：兒女眾多，因此牽累也大。然應注重子女教養，將來方得幸福之象。

疾病：由得此卦幼時多病，中年後漸強壯。占病者，病情不明，且為反覆之病症。為脾膽、腸炎症或下腹疾病，或傳染病，難治。急無功，須長治。

等人：可能走錯路，會遲到。

尋人：受誘惑而出走，因本身蒙昧無知而受騙。在東北或北方，日前難尋。

失物：難尋得。

旅行：不利。

訟詞糾紛：因外人引起，目下未見明白，有理亦講不清，故有凶象。久而不成。

求事求職：未能如願，再等時機。

考試：不理想。

改行：不宜。開業者不宜。再等一段時間，籌備好資金再做打算。

六八、䷆ 地水師　坎水歸魂卦

■師象體：

地中有水，水蓄于地，猶如養兵聚眾。地在上水在下，兩者無法親和。又六爻、一陽五陰，九二為師，其餘陰爻為兵眾，一陽統五陰。

七月卦：春平　夏凶　秋凶　冬吉

評曰：地勢臨淵之象，以寡伏眾之意。

■卦意判斷：

此卦上坤而順，下坎而險，雖行險道以順動，即用師眾征伐之義。得此卦時，因有自誇侮人或利己致苦人而不和順，又有苦勞損失。不宜新起事，須慎爭論，有物入阻，難解之意，須提防色欲盜難。

求財望事，正直人可得，小人不成，然而為人計，不為自己之欲可成。斷之婚姻有妨，得貴人而和合，但有私通口舌。亦有成而終離散者，順入坎陷，男女定有色情之厄。

■卦象參考：

內外卦、中爻卦均有互剋，其象內險而外順，水蓄於地下有如寓兵於民也。此卦為水在土上能夠親和，而師卦有不能親和也，故有如惡人得勢而富有，忠實者潦倒而困窮。此時勢必亂，必須採取掃盪惡勢力之行動，主正與邪之爭，正師出而伐惡。

故有彼我互傷，難得平安，紛爭的局面常有。要注意正順而治其變動，如人要注意正常之起居，凡事順從長輩之意見則吉。諸事宜慎重處理。

【總結批論】

師：表軍隊打仗強烈抗爭之意。主大凶象。師為「師長、老師」，是為強烈教訓的現象，若在事、在人，均表示會受到很大教訓、挫折。或是與人結怨甚深而遭到其強力的打擊、迫害。

疾病：此卦為「歸魂卦」表與住家風水地靈有強烈的沖煞現象，明顯的附身起乩之象，醫藥無效，需儘速找出根因來化解，否則兇險有生命之危。

【應用】

運勢：事雖有不順、但要引以為鏡，記取教訓。不要圖私利而投機取巧。凡事應以正規而行，事物多變動，切忌獨立而行。困難多端，靠自己努力，摒除一切困難為上策。

愛情：慎防感情引起的衝突、傷害。：難再有成。

家運：外柔順而內險惡，故家內常生不和，需慎重處理。行正道可化險為安。

胎孕：生女。產日有難。初六日五爻動，喜中有憂，利其子，不利其母，上六爻動，利母不利子。或有不安或不孕。

子女：女兒多於男兒。女兒少勞苦老安逸。男兒則有大出息之象。

週轉：無望。另覓別處。

買賣：有阻，不太順意，寅午戌日交易可成。

疾病：為腹部之惡性腫瘤，非絕症，但病況嚴重。若超年久病即有活解。

等人：來者不善。

尋人：此人因家內失和而出走，速往北方或西南找，否則有危險。

失物：已被竊走。

旅行：不利。防有盜失。

訟詞糾紛：有貴人為福，不宜退，他人無氣有憂危，終有利。但形成硬碰硬，多因之局面也。

求事求職：獨立無望，有人扶持則可。

考試：很認真，但不理想，繼續努力終有成就。

改行：不宜。開業者須待時機行事，勿過急。

七一、☶☰ 天山遯　乾金二世卦

■遯象體：

山高欲迫近天，而天更高而躲遠之。山勢高峻，好似與天相接，但攀登山頂看天時，卻仍與在地看天一般高。又乾為父，艮為少男，老父退而少男繼承。陽爻君子，陰爻小人，小人得勢，君子隱退。又初爻二爻兩陰爻為陰邪小人，小人朋比為奸，故惡勢力一再增長。君子應有貞固之操守，潔身引退，勿為邪小利用也。故曰遯。

六月卦：春吉　夏凶　秋平　冬凶

評曰：貴人隱山之象，鑿井無泉之意。

■卦意判斷：

此卦上卦為天，下卦為山，山視之有如逼天，但天高遊山不得近之。遯者，遁也。故得此卦時，凡事宜退不宜進。對於住所有辛苦、多思慮而不定之情況，為諸事皆有差錯之卦。凡事一見如有所成就，卻皆不調而有損、困惑。然而，此卦有先惡後通達之意，故艱難之時得此卦者，為艱難既將消散之吉兆耳。故此卦以隱退之君子為吉，不守操節之小人為凶。若不堅持貞固之操守，必受小人之害也。求財望事有礙難調，忌婦人。

斷之婚姻難合，若成亦破。得此卦對方多為有才識之君子。

■卦象參考：

得此卦者，真可謂吃得苦中苦，方為人上人，故君子者，必遁守之，舉凡事物雖不順遂，宜安然處之，等待時勢，可造英才耳。得此卦者，若不知退守之道，冒然進取，必受小人利用，定有所損失。但此卦若於隱退之正人君子得之，則為一掃陰霾、撥雲見日之吉象耳。

【總結批論】

遯：表退守、退步之意。主凶象。一切事項均需停止下來，因其中可能有小人、或障礙、陰謀在破壞中。退另有表示退步之意，功課、事業，均不再如同往常般的成績了！

【應用】

運勢：小人道長，君子須遠離小人，諸事宜守。艮者，止也，言行物事要謹慎，才能得安而運泰。若遇小人之害，見陷於是非之地，勿管閒事，識時務為俊傑。

愛情：落花有意，流水無情，適時地另外選擇其他對象吧！

家運：須多積德行善，可得安祥。若常爭端則衰運，且有別離之象、離婚之象。若曾數經波折之君子，歷盡滄桑，則有先惡後吉之運。

胎孕：男兒，產母有難，或有母子不安、不全之凶象。慎之。

子女：兒女體質虛弱，或有小產之虞，有親子不和之象，須依人活斷之。

週轉：不成，有礙。

買賣：宜守，不能大事進取，否則失敗。

疾病：嚴重。所患者為經絡血行不良，神經系統之痲痺、疼痛，或手骨、頭疼之症，常病也。

等人：遁，藏也。不能來。

尋人：下落不明，為家庭之事而離鄉背井，尋亦難覓。

失物：已落人他人手中，難尋得。

旅行：不利。莫去為安。尤其山路有險。

訟詞糾紛：有一方因逃移而去，是非真假無須論斷，爭之不利，宜罷手。

求事求職：須待時機。

考試：不理想。

改行：不得時，開業不利。

七二、䷞澤山咸　兌金三世卦

■咸象體：

澤在山上，山受澤之浸潤，澤為山所容受，山澤交感調節氣候。又兌為少女，艮少男，少男在少女之下，彼此感應，上下陰陽相應交感，象徵男女新婚，兩性交感。其德，兌為喜悅，艮為停止，得到喜悅後，心滿意足的停留下來。

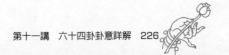

正月卦：春吉　夏平　秋凶　冬平

評曰：山澤通氣之象，鶯吟鳳舞之意。

■卦意判斷：

易經上經以乾坤為首者，乃以天地為萬物之源。下經以咸恆為首者，乃以夫妻為五倫之首。此卦取於少男少女之交，於男女中，又以少年男女之感情為甚。

此卦以艮之少男下於兌之少女而相感之象。又艮山之氣於下，兌澤之氣於上，二氣交感，故得此卦者有意外之吉事，若為他人處理事物可遂志，求財望事可成。

得此卦者，諸事都須光明正大，名正言順方為吉象。斷之婚姻，新婚者大吉，因此卦以夫婦之交而後嗣繁衍，始得共鳴。和合之象。營謀與人共事者吉象。但若非正道之交感，則男女皆有色難，意亂情迷而招災也。

■卦象參考：

此卦為漢時美女王昭君卜得，知其和番必不能再回漢土，揮淚而別，此去不回也。咸者感也，天地感應天下和平，男女則感應為夫婦，安寧感應之事，無有不亨。昭君淚別漢土，和番而嫁，此後卻身受榮華，而天下太平，乃正道之應。

【總結批論】

咸：表男女相感應、感動也。主吉象。感，有如青春男女，清純無暇的感情，心心相印有感而發的情感，得此卦，與感情有非常大的關係。也可引伸為對一種理念的認同和欣賞。咸，並無利慾的情色糾葛，是屬於比較「感性的」一種感覺。對男女之間的感情，是最大的吉象。

【應用】

運勢：吉祥如意。但勿為不正當的感情而意亂迷惑，或過於衝動。然得此卦時，會有男貪女愛之箏，非名正者必遭損，宜慎之。

愛情：互敬互愛，清清白白者定成眷偶。若名不順而貪愛者，當知懸崖勒馬。

家運：目前非常融洽，爾後亦然。如夫婦間另有不正當之交往者，宜明哲保家，避免有越軌情事為宜。

胎孕：生男。若二或四爻動則不足為喜。若生女，將來有興家和泰之運。

子女：感情極融洽，幸福。

週轉：可成。

買賣：如期望，交易可成有利。

疾病：所患大都是性病，或泌尿系統之症。或胸部呼吸系統之症。須療養得法。

等人：會帶來好消息。

尋人：因色情之事出走，不久會出現。其人有在住處動身不得之憂，恐有些是非。

失物：東北或西南方內尋找，可得。

旅行：吉利。

訟詞糾紛：恐為美色糾紛。諸事是非宜和解，有貴人可解之。

求事求職：皆能如意得償。

考試：成績佳。

改行：吉利，可進行。開業大吉大利。

七三、䷷ 火山旅 離火一世卦

■旅象體：

火燒山野，一處移過一處。山如旅社，火如旅客，又上卦離為火，火勢延燒而不停留，有如行旅之人。下卦艮為山，山岳屹立不能移，火勢移走，山不動，故名為旅。

五月卦：春吉　夏失利　秋凶　冬不利

評曰：日傾西山之象，鳥見失火之意。

■卦意判斷：

此卦以火燒山、火焚山，山止不遷，火遷不止，山猶如驛舍，火猶如旅人，為行旅之象。故得此卦時，在家猶如在他國，百事不能如意，住處又有勞苦，為始吉後憂之卦，須常慎之。又為月半開之意，宜做小事。

求財望事可少得，遠求有利，近求不利。卜病者凶險，一日終死，病者死卦也。須防盜難。斷之婚姻，為多勞，不穩，易生離別之象。男人占得此卦，有外遇，女人占得此卦，有暗通款曲，慎斷之。

■卦象參考：

此卦陳後主得張麗華卜得之，乃知先喜後悲，因旅者人生地不熟，凡事均不可大意。物事貞固守常，小心謹慎為要，小事可亨通。日傾西山已昏暗，前途已暗淡。又鳥見失火已無巢，悲之始也。鳥須藉燒山之火光逃離，並再另覓落腳之處，談何容易乎？

【總結批論】

旅：表旅行、不定、不安穩之意。主小凶帶小吉之象。旅行者常居無定所。表示事事皆在浮動之中，雖不現大凶象，但也是很令人煩心的。投資理財、感情、婚姻，大概都是遊戲的心態吧！火來焚山，火勢之烈，蔓延不止，故有多迷、變動、不和、離別之苦象。

【應用】

運勢：諸事不定，宜考量他人之意見。潔身自愛，始可改變厄運，否則必有凶。

愛情：不穩定、遊戲心態重，宜以平常心看之，不能太重視。

家運：內面不和，是非多，意見不一。家運衰也。

胎孕：生女，多是夜間產。有難。

子女：子女多孤獨寡情，骨肉無情，不幸之兆。

週轉：小數目可，大數目不成。

買賣：多礙難成，或交易不成。

疾病：是心臟與消化系統脾膽之疾，心臟、手部之傷。有多病轉移之象，宜速求醫，拖延難治。

等人：臨時變意不會來。

尋人：此人為情所困，意志消沉而遠離也，難尋。

失物：被盜走，找不回也。

旅行：不宜。

訟詞糾紛：拖延時間不利，難解決。若和解不成，難脫伽鎖之患。

求事求職：白費心神。

考試：很差。

改行：不利。開業者不得時機。

七四、䷽　雷山小過　兌金遊魂卦

■小過象體：

山上有雷。雷聲受山陵阻隔，雷聲減小，即小過。又二陽居中，代表主人：四陰居外，代表客人，客人多過主人。本卦四陰二陽，陰爻多於陽爻一倍，故曰小過。

二月卦：春吉　夏吉　秋凶　冬平

評曰：飛鳥過山之象，門前有兵之意。

■卦意判斷：

此卦為震上艮下，震動而止，動止宜得其中，若過動過止，皆過也。又此卦陰之小、過於陽之大，故得此卦時，宜行小事，不宜行大事。又有飛鳥之象，能見其飛，聞其聲，卻不能取之於手之意，萬事似成難成。求財望事不宜速，含口舌之災。

斷之婚姻，其親不遠，只在附近人家，婚雖有礙有疑，但終可成。雖成又有不和，離別之苦也，慎之，得此卦者，亦有不得人和而引起糾紛之象。有與人中絕，背義之事。

■卦象參考：

此卦陰盛陽衰，陰柔之力，當不如陽剛之力，故事宜小不宜大。又飛鳥過山，只留遺音，取象鳥之高飛，如人之好高騖遠。只聽得其音，取之不得，故此卦女人占得不利也。凡事步步為營，腳踏實地為要，知退守者，凡事皆吉，否則凶也。

【總結批論】

小過：表有志難伸、龍困淺灘，像犯了一個小的過錯般，而被處罰。主凶象。事事小有不順，有被打壓的跡象，最忌衝動犯上，必因此而埋下禍端。需沈潛、忍耐一段時間才能再有發揮的機運。

疾病：此卦為「遊魂卦」主犯於褻瀆了鬼神不敬之象，需祭拜好兄弟及神佛，祈求化解。病症在神經麻痺、行動不變，或有手足受傷之象。

【運用】

運勢：行事不如意，宜謹守，與六親不和之象。又忠言逆耳犯上得罪人之事，反為害己之因，故凡諸事均有枝節、苦煩，不能達志耳。

愛情：擁有過，但自覺不相稱，已經不掛於心矣。

家運：常生口角，有離家去外地之象。此卦名小過，故有因過而須離鄉耳。

胎孕：腹中有胎，當便見災，過後有小阻，難產之象。須謝灶神方可得安順。

子女：骨肉無情，兄弟不和，多勞苦之象耳。

週轉：小有望，大難成。

買賣：小可，大不可。因過者必有錯也。

疾病：患手、足之患，審察之。病情雖有變惡之向，但治癒有望，不可掉以輕心。

等人：不來，否則會遲到。

尋人：只在原處逃避，當得見。如有債務之爭，別找也罷，恐有過失之錯。

失物：可能遺失在水邊，難現。

旅行：不利。

訟詞糾紛：爭端無益。宜和。

求事求職：無指望。

考試：不理想。

改行：不宜。開業者宜再待時機，否則不利。

七五、䷴　風山漸　艮土歸魂卦

■漸象體：

艮山之上有巽木，山勢由低漸而高，樹木由漸而長，故為漸卦。又巽女配艮男，女子以夫家為歸宿，循序漸進而成配偶。

正月卦：春吉　夏吉　秋吉　冬不利

評曰：山中植木之象，千里一步之意。

■卦意判斷：

此卦為巽木在艮山之上，山上之木可漸次成長之義。又艮一陽，巽二陽，亦為漸進之義。漸乃進也，故得此卦時，為漸次向吉之時。然須知百事不宜急進，按順序不可怠忽進事。天下之事不以進為貴，急進未必有利，須體認此義行事。求財望事雖可遂，但亦有隔阻而難成之象。得此卦者，對居所必有煩惱。斷之婚姻，有再娶之兆，或因女思男之象，故婚可成。

■卦象參考：

巽女配艮男，婚嫁乃人情之常。因此卦若女子卜得，定有于歸之慶。因巽木已在艮山之上，女子已入男子之家，故得此卦之男女如非正配，即為私奔之侶。木之長於山，非一朝一夕可長成，故凡事以漸進可吉，急躁必有損失也。

【總結批論】

漸：表循序漸進，不可心急之意。主吉象。好事慢慢在進行中，一切遵循正理常規即可，事業投資均能有收益。感情婚姻，更是結果收成歡喜結局之時。

疾病：此卦為「歸魂卦」與亡靈牽連甚深。為前世因緣未解，而跟隨到今世來的孽緣，常有耳鳴、心神渙散之象，夢中常現清楚夢境。宜以慈悲心來引渡化解，不宜用制化的方式來驅趕。

【應用】

運勢：逐漸順利，光明開運之象。凡事物務必掌握時機，循序漸進，可得吉慶。須防款項交易之差錯及色情之災。

愛情：慢慢交往可成就良緣。但此卦有女子思男或已入男家，未能得男方家長同意者，但有心中能成良緣。

家運：漸曙光明、幸福之象，諸事宜以順乎自然為吉，反則有剋也。

胎孕：無礙。秋生男，春生女。若有犯則凶險。

子女：兒女多堅強篤實，態度溫順，將來有成就。

週轉：不成亦勿放棄，久調可成。

買賣：漸進有利，過急不利，欲速則不達。

疾病：為胃腸、耳鼻之症，耐心治療可漸癒。但此卦亦有漸入凶險之象，慎斷之。

等人：遲到。

尋人：在東南或東北二方，過些時日可尋得。

失物：遺失可尋。

旅行：可，但可能會誤期。

訟詞糾紛：進則勝，退則輸。買賣是非居多。

求事求職：可尋得良好工作。

改行：吉利。開業吉利，漸有發展之象。

七六、䷦　水山蹇　兌金四世卦

■蹇象德：

前水後山，進退維谷。山上有水，為峻險難行之象，有如跛者之艱於步履，不宜輕進。又坎陷、艮止，坎陷當前，止而不進，停留於危險之地。難也。

八月卦：春凶　夏平　秋吉　冬病

評曰：門前有陷之象，寒蟬悲風之意。

■卦意判斷：

此卦艮下坎上，艮止坎險，即險中又止於出險之況。又為見險而止，不進犯之象，故曰蹇。蹇者，跛也、剝也，為運不通又行不得。故得此卦時，不論貴賤貧富，均有身心憂苦、計處皆空、賴所皆違，陷入困境之虞。但若能見險而止，慎重行事，勿涉入險境，即可脫險。故諸事宜善與人謀，必受輔助而終吉。對住所有勞苦。

男得此卦，有陷入困境，兩相不應，有孤寡運者。女得此卦，有出家入尼之象，妙善於心，有出道之象。審斷之。求財望事難成，若五爻動，後不久即有喜。斷之婚姻，虛多實少，多不成，縱成，亦主口舌是非。已婚女人占斷婚者，有破緣之象，寒蟬悲風耳。

■卦象參考：

蹇者，難行之義。坎水陷於前，艮山止於後，此卦為四大難卦之一。卦象有如山高水深之險。然而險地非不可履，險象非不能解，唯共矢忠貞，則可化險為夷。故此卦大致以凶論斷。反為吉者，必屬貞固之人，利於見偉大人物，一致擁護，破除險境始吉。凡事宜注意生命安全。慎之。

【總結批論】

蹇：表寒足跛行、艱難之意。主大凶象，四大難卦第三卦。冰天雪地中赤足而行，表示現在處境多麼的艱辛困苦，卻又不能放守不管，只能硬撐到底。此時雖是無奈，但也總有苦盡甘來的時刻。人事均是很為難之時，事業、感情均有騎虎難下的困境。艮為東北，坎為北，故其險象必出於東北之方，得此卦者，宜向西南求，不利東北。

【應用】

運勢：衰運，多災難，進退兩難之處境，要自重而不可妄動，此時應守正道待時也。凡事雜亂，更防小人之害，絕不可涉險境，否則災害必至。

愛情：困境重重，情緣有破，捨棄難定之際。然此卦主破象。

家運：六親無情，有貧困、不幸之象，逆差者，其臉難脫，善者宜致力克服挽救。宜注意家人有重病、血光之厄運。

胎孕：胎不安，孕有災，男女均有遲產之象。甚或胎孕不成。

子女：子女手足情薄，六親少靠，勞碌之命也。

週轉：難調，多不成也。

買賣：失利。交易不成。

疾病：肝臟、胃、脾膽之症，或有腎、受傷害之疾。已病危，有疏忽醫治之現象。

等人：不會來。

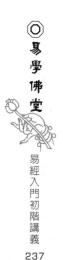

尋人：水澗邊。速報警幫尋，得貴人則可回，若再出走，於百日內不明則死。
失物：可尋東北水邊或溝內。
旅行：不宜。有險象。
訟詞糾紛：不宜見官，只宜逃避，因有嚴重的暗鬥而不得停罷，終必有險，帶血光之厄。解其厄則依人之運勢而斷。
求事求職：眼前毫無希望。
考試：落榜。
改行：不宜。借貸強行並非良策。開業者不宜。有是非、損耗之象。

七七、䷳ 艮爲山　艮土八純卦

■艮象體：

兩山並立，各有定位，以安份守常。凡所思慮，都不超出其本位。又一陽進至極位無可再進，不進則止。

四月卦：春凶　夏平　秋凶　冬吉

評曰：山上鎖關之象，葛芝纏身之意。

■卦意判斷：

艮乃山也，止也。今兩山相疊為兩山並峙之象，有兩山並峙不相交來亦止之象，故得此卦者宜止不宜進。又有憂喜二山相疊之意，故萬物半調半難調。又為人合背站立之象，彼此不能相助而各自獨立。有危難及損財，但亦有外部救援之意，可逐漸向吉。求財望事，似成而不成。

斷之婚姻，或有長者為媒，似有成，其婦尚無定。但此卦亦為兩山對峙互有不通之勢，有單戀或不被接受之象。得此卦者，諸事宜止不宜急進，有官符、災厄、破財之象也。

■卦象參考：

「艮其背，不獲其身，行其庭，不見其人，無咎。」比諸於人事物，如人不知滿足，只是慾念的衝動，勞神耗力。人須無欲，唯見埋之所在，而忘其有我，亦是大公無私之意。大公始能無咎。中爻坎震之卦，有因妄動而陷於困境且危險之象，或有官符被鎖之象，宜慎之。諸事有阻，切不可妄為。

【總結批論】

山：表停止、退守之意。六沖純卦。主大好大壞之象。凡事應當知進退、量力而為。有如登山越嶺般，需充分審視自己的體能，和山上的情勢，絕不可強行逞能，適時的休息，方能平安度過。得此卦時應有大事或障礙、不順阻擋在前，若能保守、修身養性則安，反則為凶。

【應用】

運勢：應當潔身自愛，依賴心不要太重，否則不利。凡事不可輕舉妄動，諸事宜守，相輔得吉。儒家有言：『靜亦定，動亦定』，此非言死等，宜中正德行，固守貞常之道，凡事有定之理也。

愛情：有對峙、單戀、難合之勢，雙方各有阻撓也。

家運：不和，家運停滯不發，改正自己以謀求開運之道，內有動盪、困境。

胎孕：生男。初、四爻動主產母有失。難產之虞。

子女：子女多有不和、不相輔之數。且個個自私懶惰。

週轉：難成。

買賣：有些小是非，失利之象，但可成。

疾病：為鼻炎、口鼻之症，動脈血管硬化或胃膽之疾。

等人：不會來。

尋人：西南方，難尋。

失物：東北方可尋。

旅行：不利。

訟詞糾紛：因小變大。宜速和解，否則有不利之象。

求事求職：固守本份為宜。

考試：落榜。

改行：不利。開業不宜，須再待時。

七八、䷎　地山謙　兌金五世卦

■謙象德：

山應當在地面上，本卦山在地下，不出地面，即自己謙遜自抑。又艮為篤實，坤為順從，忍讓不與人爭，篤實順從他人為謙和。

九月卦：春平　夏吉　秋吉　冬吉

評曰：登山平安之象，物稱施平之意。

■卦意判斷：

此卦以艮山之高在坤地之下，以尊下卑，又內艮止外坤順，內篤實而止於道，外柔順而順於人，有謙讓之德，故名為謙。謙為卑小之義，然得此卦時為體貼謙讓之德，去驕傲之氣，務必謙讓之時。雖辛勞多，諸事不如意，但後可得幸，忍耐辛苦艱難自守正義，自有不慮之好事來。願望和順必達。

求財望事，有人輔助，遲亦可成。此卦諸事謙虛則吉，又隨人亦吉，自身出剛氣為凶。斷之婚姻，有二媒人說，必成。男主血光，女主是非。

■卦象參考：

上坤為順，下艮為篤。其義就是忍讓不與奸人相爭，故名為謙。此卦教我們待人處世要忍讓謙恭。以天道言之，天在上而天氣下降以濟萬物，其造化之功，始見昭明。以地道言之，地在下而卑，而地氣上升以應天時，遂成育萬物，天道下濟而光明，地道上行而卑謙，為亨通之象，為人處事能謙，則可達亨象。謙恭有禮之人所到之處人皆迎之。

【總結批論】

謙：山應當在地面上，本卦山在地下，不出地面，即表受壓抑而讓自己謙遜自抑，主凶中帶小吉之象。又艮為篤實，坤為順從，忍讓不與人爭，篤實順從他人為謙和。亦有被「壓抑」的意思，在此競爭激烈的社會裡，被排斥、壓制，也是常有的事，故此卦顯示，當被壓制時，當忍辱下來，待時運一過，自然會有更好的發展。

【應用】

運勢：吉利平安，欣欣向榮之象，謙者前途大利，驕者橫行招敗。故以君子謙德，縱涉大川而無險也，卦利君子。正所謂謙受益滿招損也。

愛情：以謙恭相追求有成，可獲良緣，反之失利。

家運：幸福之吉運。

胎孕：生男兒無災。生女兒產母亦無災。然小兒難養，是第三胎。

子女：子女多溫順，事親孝，可賀也。

週轉：誠實謙恭，可成也。

買賣：終成，有是非。獲薄利，益也。

疾病：地與山均為土象，土表陽宅或陰宅，此卦表有受風水土氣沖煞的跡象，可再查是坤土或艮土的影響。

等人：準時到達。

尋人：未見，待一段時間自回。

失物：東北或西南失之可尋，東南失之難求。

旅行：可。

訟詞糾紛：有官事，拖延不利，宜速和解。

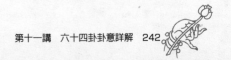

求事求職：吉利。可成。

考試：金榜題名。

改行：可行。開業者吉利，但諸事勿太急，以謙則受益。

八一、䷋ 天地否　乾金一世卦

■否象德：

天氣上升，地氣下降，天地之氣不交，為閉塞不通之象。其德內陰外陽，內順外健，內小外大，內小人外大人，為大往小來。乾天之剛勢壓坤地之順柔，柔者宜順勢，不得與之抗硬也。

七月卦：春吉　夏凶　秋平　冬凶

評曰：刀霧裡有藏之象，寒鶯待春之意。

■卦意判斷：

天乾地坤，天氣不降，地氣不昇，陰陽兩氣不交，萬物否塞之象，故曰否。此卦有閉塞不行之意，上下不和，百事不通，家道日替，或有罹災、損財之事，雖有善者，亦無能為力，宜先暫避患害以待時運也。然此卦雖為閉塞之象，上下情懷不相交融，諸事不如意之衰運，但須知否極則泰來，天道循環，生生不息之定律。又，此卦象雖凶，然天在上，地在下，乃天地正位，故此卦若占仕途，則必得貴人大力鼎助，先否後泰，終成之卦。天地正位，故文書印信有氣，必得高位，須活斷之。

斷之婚姻，為相互馳背，陰陽不相應，有不和或離別之象。女人占得此卦，應特別注意受小人之騙，因陽昇於天，陰漫於地，小人道長，與君子不相為謀，故此卦宜防小人暗害也。遷居則吉。

■卦象參考：

大凡占得此卦者，均辛苦且困難重重，亦常受小人加害，有別離之痛。此乃自然界盛衰之循環定律，幸勿悲觀，堅持自己的勇氣，繼續奮鬥，耐心的等待時機，順勢而行。因此卦陰柔居於陽剛之下，然柔亦可克剛，又乾金乃剋木，坤土並不受其剋，故此卦雖凶，但於謀求高官者，則有貞固者反為泰，終必有成之象。須知卦之運用千變萬化。

【總結批論】

否：表否定、不好、壞掉了！主大凶象。否、顯現出陰陽之氣不協調，在人及事方面諸多不被認同，有內外不合、眾說紛紜的現象，因此事事難以進行，最好此時能彼此互相退讓，靜下心來理性的溝通，方能轉吉。婚姻、感情，已有個性、意見的衝突產生，若不能好好退讓協商，恐有離異分手的結局。

【應用】

運勢：凶且衰，君子以險德避難，不可榮以祿也。運勢不通達，諸事不順，有損失且波折多。故宜守固正道，若稍偏差，則災害至也。

愛情：陰陽相背，被拒千里之外。

家運：夫妻彼此不能協調，是非很多，劫財又帶衰，慎之。
胎孕：不安，爻神無氣。女兒。二胎生男。
子女：若不是子女少，就是與雙親感情不睦。若是管教無方，就任其自然發展吧。
週轉：告貸無門。甭求了。
買賣：多有損失。但有貴人應在午未申日。
疾病：占病凶兆，康復無望，反象也。病灶為腦部、胃部、癌之類。
等人：不會來，因別的事情而違約。
尋人：因感情不睦而出走，有生命危險，去向不明，難尋。東南方。
失物：因女人花酒中、熱鬧中遺失，東南方尋之。
旅行：不宜。
訟詞糾紛：有口難言，有虛偽，更逢盜賊之冤，意見不能妥協，爭吵雖厲害，終有理，此時宜求順。
求事求職：先難後易，須有耐心去爭取勝利，否則凶。
考試：不理想。
改行：難如願，開業最好另擇吉日。然此卦有先難之困，若能舒之則利。

八二、䷬　澤地萃　兌金二世卦

■萃象德：

澤上於地，水必聚地上。水土肥沃，滋長草木，繁殖茂盛。又坤順，兌悅，恭順和悅，感通人心，聚結力量。剛明才德，回聚順從。

六月卦：春吉　夏吉　秋平　冬平

評曰：鯉魚登門之象，歌妓順眾之意。

■卦意判斷：

此卦澤地蓄水，聚合之義。又上悅下順，萃乃聚也，因而此卦做為萬物相聚，諸事平順之吉卦。雖有聚財之意，但有爭論之礙。又有與中絕、離別之人相遇之意。卦有聚會、順從之象，故占得此卦者，願望可達成，但須防婦女妨礙。求財望事，同人求之則吉。男人占得為吉象，女人占得則有因順從失利之象。斷之婚姻，為和睦、相聚之良緣也。

■卦象參考：

為國庶民富之吉象，物力充沛，利往而有所作為。聚者，言高與而順從，吉卦。古時韓信被擒而遭戮之，即呂后疑韓信，卜得此卦，然後擒戮韓信。此後呂后高枕無憂，臣民順服。

【總結批論】

萃：表聚集、重新淬取之意。主吉象。澤上於地，水必聚地上，水土肥沃，滋長草木，繁殖茂盛。所以有眾人事物來此聚集的意思，然後再經過濾、篩選出最精華者，所以稱為「萃」也。有主權掌握在自己手上的意思。

【應用】

運勢：昌隆，得信於人，承上輩照顧，事業吉昌，但宜小心財務上的糾紛。
愛情：可達成其願望。
家運：家庭融洽如意。防財務歧見之意外。
胎孕：胎安。有雙喜，若是第三、四胎只一喜。然產母病多，注意保養身體。
子女：兒女眾多，且手足相敬如賓。
週轉：可得到上輩支持
買賣：可獲利。
疾病：所患是胸部與腹部之疾。治療得宜可平安。
等人：一定會來，且有佳音相告。
尋人：會自己回來，不用擔心。
失物：遺失之物在西南方，遲至無用，速則可尋。
旅行：吉利，並有所獲。
訟嗣糾紛：爭端不利，和解為宜。
求事求職：可順利，有成就。
考試：常保佳績。
改行：吉利。開業適時，可按計劃進行。

八三、䷢ 火地晉　乾金遊魂卦

■晉象德：

日出地面，光明普照，為上進之象。又離為明朗，坤為附和順從，附和順從于光明，明朗進展。又坤體柔文，由下順次行進，而上達乾體中位，成為離日之象。有如人才自附於明世，由下位順次升到中樞。

三月卦：春吉　夏平　秋凶　冬吉

評曰：滿地錦繡之象，人登玉階之意。

■卦意判斷：

此卦離火於坤地之上，以出暗進明，故名曰晉。晉乃進也，得此卦時，有去苦赴樂，氣運旺盛，如旭日中天，諸事如意，聲名聞達四方之意。見之於一家，父在義方不溺愛，子有孝敬不作逆，一家和睦，門庭歡樂之象也。即遲漸繁昌，出人頭地之意。又為被人敬愛，受上輩賜惠之卦。有住所變更之意，假令不遷移住居，亦為身體之事，有異事之意。為吉事，可逢久絕之人，又有與交惡之人和睦之意。

得此卦者，願望可達，求財可成。斷之婚姻，可成，其婚大多是經長輩介紹的，中年婦人說成。

■卦象參考：

坤順而合於光明，順從而進晉也，一切均可如意。倘再獲得上輩提拔，則可名利雙收。雖然此卦為諸事吉祥之卦，然火燒於地，火勢若過猛，此卦又缺水，地必涸裂，亦可斷婚姻有不和之象。女人占婚姻得此卦，其夫外定有女，而本身火烈地涸之局勢，更宜審慎其夫是否離妻再娶也。進德有孚，否則會有外虛內空之感。

【總結批論】

晉：表進取、氣運旺盛也。主大吉象。火為太陽，所以是「日出於大地、光明乍現」，陽光準備要照耀大地，一片欣欣向榮之象。事業投資、升遷、婚姻、感情均是有雨過天晴，奮發向上的吉象。

疾病：此卦為「遊魂卦」與地靈有關，病非真病，宜儘速祭拜地基主或是祖靈，才能化解凶象。

【應用】

運勢：事業繁榮，聲譽漸高，於人、事、物均獲宏利之際，與人共事者吉。但要知進德虛懷，即是諸凡對人、事宜謹守德操，不可傲溢心懷，否則有破象也。但財運旺。

愛情：光明出於地上。柔順而求，可成眷屬。

家運：雖如日中天，切不可過於驕縱、蠻橫，若為人不行正道，雖然光明就在眼前，且興隆幸福，又難免夫婦失和，家運不振耳。

胎孕：平。此胎多女兒。

子女：多才智，聰明而賢孝。

週轉：可獲得強大資金。

買賣：進取得利，並獲得巨財。

疾病：為胃腸之疾，長病者凶，近病者無礙。

等人：女者會來，男者不一定會來。

尋人：見於西南方或南方。

失物：容易找到。

旅行：吉利。

訟詞糾紛：遲疑終得理，能圓滿解決。

求事求職：受人提拔，可有成就。

考試：科甲登榜。

八四、䷏ 雷地豫　震木一世卦

■豫象德：

雷出于地上，陽氣奮發，萬物欣暢，悅服快樂。又坤順、驚動，為順理而動，動而順理，則自然悅樂。

五月卦：春平　夏吉　秋吉　冬凶

評曰：雷地出奮之象，行止順時之意。

■卦意判斷：

此卦為震雷於坤地之上，奮雷出土之象。雷一震，百果草木皆拆甲，又為上動下順，上下和順，君臣悅樂之象。豫乃悅也，得此卦時，雖為有悅之時，然為震動劇烈之卦，若乘勢進時有破。有住居不安之象，亦有重新謀事之象。求財望事，久而必成，又再三破而後調。

斷之婚姻，有成，女家有言。亦主女比男大。又男人得此卦時，當處於不穩定之狀況。又男女均有陷於酒色之情。凡事有迷意，須慎之。

■卦象參考：

此卦為春雷動之，草木萌芽，無不融和快樂也。但於人事之常情，也有樂極生悲之象，所以凡事不可得意忘形，則可免破運。故處世之態度不可太放縱為吉。又此卦諸葛孔明討南蠻卜得之，便知必勝也。

「豫，利建侯，行師。」卦體上震為雷，下體坤為眾，有興師動眾之象，故卦象利於「建侯」與「行師」，行師無非是整治暴亂，保衛生民，咸使安居樂業而已。於「大象」：天地順乎自然之理以動，故日月四時，循環有序而不差式。君子動必順乎情理，則賞罰分明而萬民悅服。天地感其造化，不外乎順理而動，故此諸人事仿此，則至多至廣也。此易經哲學動靜之機也。

【總結批論】

豫：表高興悅樂之意。主小吉象。此卦顯示做事積極、有力，性情柔和、圓融，充滿令人喜樂之氣象。凡事可盡力去做，無大礙。婚姻、感情，男健、女歡，可得良緣。

【應用】

運勢：此卦象徵萬物欣暢，如意安泰，可得上輩之助。切不能因繁華而怠惰，或沉醉於聲色歡場之中。好運不常有，當好好把握。

愛情：女大於男，一帆風順，天賜良緣。

家運：吉象。切不可迷於情而招破相。

胎孕：不安，剋母。生女之兆。夏則生男，產母有災。

子女：兒女均能相親相愛。前程美好之數。

週轉：稍有阻，但可順利。須誠。

買賣：好時機。秋更吉，有貴人。

疾病：病不治。凶險。肝臟、腹內之疾。

等人：途中有礙，一定會來。

尋人：出走之人因沉迷酒色，東方或西南方可尋。或他人自來相尋。

失物：速尋，否則難得。

旅行：可以。勿登山。改居宜遲。

訟詞糾紛：有頭無尾，有震動驚恐，亦有別人連累，破財。

求事求職：可得上輩提拔，有希望。

考試：金榜題名。

改行：吉，大有可為。開業者大吉大利之象。

八五、䷓　風地觀　乾金四世卦

■觀象體：

巽風行于坤地之上，有週遊觀覽之象。又坤卦人民，巽卦號令，君主在上發號施令，萬民瞻仰。其體陽剛在上，群陰仰觀，即以下觀上，陰長陽消。

八月卦：春平　夏凶　秋吉　冬凶

評曰：風揚塵埃之象，見華遇雨之意。

■卦意判斷：

此卦二剛在上下四柔，以上下相觀為義，又以下卦坤為民，上卦巽為號令，令施於民皆觀之。然得此卦時，雖有受人尊敬之意，但如風行地上，有動搖之義，故有居所不安，心身苦勞之事，有心意不定之意，需再多請教、求助於人。求財望事，稍有遲滯，需再觀看之，又有婦人之妨礙而難成。

斷之婚姻，此卦有左右爭婚之意，女子貌美，二人為媒，此婚有難就之象，觀者尚在查看而未有動也。然此象是由下向上看之意，故得此卦者宜觀其變而變之。又風行地上乃風聲傳遍大眾而言，故斷男女間事為惡言已傳千里，不必再隱瞞。中爻艮為門闕，為男，坤為女，孤男寡女入門檻，所為何事，不問已知。但此象今雖有凶，將來有富盛之意，須下決斷。

■卦象參考：

得此卦者，身多變動，多以觀望態度。故聖人觀乎天道的神妙，而發現鬼神之造化，象此於人物事，若能承上之照顧者，百事如意，物事暢達。然切勿處在觀望之狀，聽天由命，要順而巽，中正於天下。故此卦於觀察之後，必須有所行動，切不可只觀而無所作為也。

【總結批論】

觀：表觀察、觀看。是個最標準的狀況卦，吉凶未定。凡事不可輕下決定，需要再觀察一下局勢再做打算。尤其是對長官、上位者的態度更是要察言觀色，不可輕忽大意。

【應用】

運勢：處在有危險不穩的時運，要多觀望時勢之利弊，待機行事，於人事物，須以誠待之，才能感化而倖免陷入困難也。

愛情：外表看好，內則虛浮，有上輩提攜可望達成，否則尚處在漂動不穩定的狀態。

家運：正處於下坡時段，要知固守進退之機，聽取長輩意見有助也。

胎孕：胎稍難，初生女次生男，若雙生吉。

子女：兒女將來有成就幸福耳。

週轉：雖有好言，實際內在空虛。無指望居多。

買賣：交易有礙。應在戌亥日可成，否則難成。

疾病：為腹部、神經系統之病痛，病情怪異且有變動，宜妥為治療。更需審慎再加檢查詳細，不可隨意斷症。

等人：觀望必有等待，而來者有隨之他去之象。

尋人：此人到處漂泊，行蹤不定，有險象。目前在西南方，宜丑未日見。

失物：可能因女人失誤遺漏，難尋。

旅行：不宜。

訟詞糾紛：雖然終會和合，但有小人在內，防亥日有武動。愈爭論紛爭愈多。

求事求職：不易。

考試：不理想。

改行：擅自主張不宜，若由他人提拔則可。開業者不宜。

八六、䷇ 水地比　坤土歸魂卦

■比象體：

地上有水，地上有許多河流相比相親，互相友善。又九五一陽，統屬五陰，如五家為比，稱為比鄰。

七月卦：春病　夏平　秋吉　冬大利

評曰：眾星北拱之象，和樂無間之意。

■卦意判斷：

此卦為水土相親，比，為親為輔。得此卦時，知者朋友皆被輔助遂其志望。然而非真正和順者凶。又進退均以速為貴，速者可得先機，徐緩則不利。若有疑惑時必後悔也，求財望事少且遲，但必調。慎記破財之兆，一旦損失則難復。

斷之婚姻，十四日有信，可成，遲即難調，宜速定聘。男女占得此卦，均宜防色情和被甜言蜜語所惑而有失，因水入地必合且難收也。

■卦象參考：

此卦與地水師卦正相反。此卦雖吉，但仍須一再自我檢討，有否完善，貞固之美德，如此方可言吉，否則亦有遭逆之凶象也。俗話有云：「水潑落地難收回」，諸事謹守節操則可安順，否則招逆叛有悔不當初之情也。

【總結批論】

比：表兄友比肩而站，一片融合互持、比和之意。主吉象。水溶入土中，膠和在一起，是個很親密的卦象，尤其是論男女之情。事業投資有親密的伙伴相助，共同扶持打拼，事事當然越加順利進行。但論居住有不安之象，動後始安，然有遲滯難解之象。

疾病：此卦為「歸魂卦」陰氣緊密地侵入陽體，是個陰魂附身之象。醫藥無功效。病症主在胃及腎臟，有腫瘤。久病難醫，近病宜速解可救。萬事宜速謀發展進行，若有疑惑或怠慢、猶豫，則有失親、交破，諸事凶也。

【應用】

運勢：運氣平順，與人相親處事則吉。可獲貴人提拔，但不可得志而非份橫行急進，否則遭破遜也。

愛情：兩相情悅，可得良緣。

家運：闔家和樂，家運亨通。宜處事有序使運吉。

胎孕：生女。秋占生男。二、四爻動皆生女，不動是生男。孕安。

子女：兒女溫順且侍親至孝，親情融合之象。

週轉：必成、找同年之之兄弟、朋友可成。

買賣：莫太貪心。交易反覆難成，勿貪則有利可成。

疾病：為腹部反耳痛之症，或腎臟下部之疾。占病長危，近病者速醫可治。

等人：會來。

尋人：不在杏花處，則是有婦人相留，不可尋，恐生不測之禍。此人會自己回來。

失物：東北、西南方可尋，但有損滅。

旅行：吉利。

訟詞糾紛：宜和，有小人。以和順態度處理可調。

求事求職：有貴人，可有利。

考試：金榜題名。

改行：有利，可得友人支持。開業者可大發利市，但須注意有人背叛。

八七、䷖ 山地剝　乾金五世卦

■剝象體：

山附于地。山之土石崩塌下陷而附落于地，即剝上以厚下。又陰爻由下往上，自初至五皆陰，五陰進迫一陽，陰柔勢盛，陰長陽消，剝蝕陽剛，剝蝕正義。

九月卦：春吉旺　夏平　秋凶　冬不利

評曰：鼠穿倉廩之象，去舊生新之意。

■卦意判斷：

此卦以山為上，以地為下，山陷下歸於地之象。又五陰方盛，一陽將剝落，故名曰剝。剝乃以刀削裂之義。然而得此卦時，為時運不佳，身上零落資財漸消之時，但有枯木生花之意，須去舊從新以待一陽復來。又有順時而止之義，速者皆惡。凡事有錯估傷事之意，須慎，但至末必吉。

求財望事，十之七八雖成，但會被他人反覆。得此卦者，須防盜難、女難，運衰要留心被詐，或有不利之災禍，又主攻則凶，守則吉。

斷之婚姻，有生離死別之苦，乃是剋主之女，非破則主退夫家財。男人占得此卦，須小心桃色糾紛，或有受人連累而損財。女人占得，亦有為情爭風吃醋之禍。此卦諸事有損，宜守正道可化。

■卦象參考：

此卦陰五蝕陽一。陰長陽消，反動而前往，以一陽爻抵制五陰爻，必定被剝也。陰爻象徵小人道長，故不利以往之作為，成就有被破滅之時運。中爻又皆是陰，有被小人迫害而招受損失也。又陰爻主女人，五陰女進迫一陽男，主桃色糾紛，感情困擾不斷也。

【總結批論】

剝：表剝落、切削、毀損之意。主大凶象。地動山崩，一時群山崩落為平地，表示很嚴重的動盪、變化，而致使重大的傷害、不幸的產生。最易有急症、意外的血光之災。事業、感情、婚姻，得此卦需有心理準備，所有之前的努力可能會全部破滅，要重新再來了。唯此卦利於重新到外地發展，或另尋對象也可。

【應用】

運勢：運帶破、帶衰，有不利之災禍，不可抱持野心，自作聰明，否則自掘墳坑。得此卦者，必有與歡場女子耗費錢財而又被陷害之苦惱，且有受部下連累而損財，為不得志之時運也。
愛情：卦象陰太盛，故男求女利，女求男不利。口舌多，不可奢望太高。
家運：正處於沒落之時，辛苦勞心，有心挽回者可得安，否則有別離之險象。
胎孕：是第二胎定六根不足。有虛驚，母危之凶象。
子女：緣薄，不和，體弱，甚或無子女，或病或短命之凶象。剝者必有損落。
週轉：無望。
買賣：難成。若成亦有損。
疾病：為胃膽之病，腫瘤病變，需開刀切除，且有病情惡化之象。男人有性病之象。
等人：來者必是小人、女人，或不會來。
尋人：男人為情或財所害，有險象。女人則落人煙花。在東北方的山上或水邊尋之。
失物：已失於水中。
旅行：不宜。有險象。
訟詞糾紛：因財祿爭鬥致訟。小人多而言雜，有枷鎖之厄，不能平息。
求事求職：順而止，要慎機行事，不可粗心大意。
考試：落榜。
改行：不利，必損財。開業者有阻礙，切勿意氣用事，否則有害。宜再待時。

八八、䷁ 坤為地　坤土八純卦

■坤象體：

大地承載萬物，地有高低，擔險相因相成，以順變為理象。君子涵養渾厚之德性，要有容忍一切之器量，能容忍，忍辱負重，造福人群。

十月卦：春吉　夏凶　秋平　冬吉

評曰：含弘有斐之象，物品資生之意。

■卦意判斷：

此卦與乾卦相反，屬純陰三爻之坤重，上下皆坤，地原為重仰載萬物，承坤天之施化成萬物之象。在道為地道，在事為順靜，在人為女、為妻、為母、為臣、為卑，在時間為夏末秋初，在方為未申，配月為六、七月。

得此卦者，諸事宜和順，剛強必有大凶，又為親子兄弟朋友等勞苦損失之時，又有移居之望，然宜止之，強遂事物煩難多。此卦願望必調，然有遲而稍受人妨礙之虞。相談之事，逐步順調，若急則有障。

斷之婚姻有破，宜緩勿急，終可成。女人占得此卦有身孕之象。

■卦象參考：

坤為和、柔、順。故坤之陰必接受陽性之乾始生作用。陽主動，陰處靜而能制動，故坤取象平靜與和順。然此卦象外虛而內實，承受一切勞苦，任勞任怨，專為他人處理不平之事，若傾於我者吉利，運勢波動而著人迷，故不可妄動急進，以柔和之氣以靜制動者吉，共謀事業更吉也。得此卦者，獲眾議得有力之人。不可為追求私慾私利不惜用計，否則會兩敗俱傷而招受損害。迴避不必要的麻煩，亦有因他人之事而受損。

【總結批論】

坤：表天生的母性，柔順、保守。主六沖純卦，大好大壞之卦象。大地承載萬物，地有高低，擔險相因相成，以順變為理象。要有容忍一切之器量，能容忍，忍辱負重，造福人群。事業、或決策有過於柔弱、沒主見，不宜當為主官、主管，最宜當副手。卦象極陰，陰氣過旺，最不利於住家、疾病。有犯煞、病難治癒的跡象。」

【應用】

運勢：諸事不宜急進，退守以靜制動者吉。坤者大地平靜，任其他物所摧而不為所動者大利也。若醉心私慾，違背常理，則有無情之災。

愛情：男主動，女主靜，緩進可成，急則有失。

家運：幸福平靜之象也。

胎孕：生貴子，胎未動逢過申則產。

子女：兒女眾多，和睦幸福也。

週轉：須耐心去求，否則難成。

買賣：勿急。交易可成。

疾病：為腹部之慢性病，病情重且危。

等人：不會來，須再待些時日。

尋人：此人為色情之事出走，於西南方附近之地也。

失物：西南可尋，遺失西北難尋。

旅行：不宜。更忌東北方。

訟詞糾紛：多因田土之是非，宜解。有始無終之兆也。

求事求職：不稱意亦不理想，另尋。

考試：希望不大。

改行：不利，宜固守本份。開業者再觀望，目前尚未籌備妥當，不宜。

附錄一　中國易經的流傳年譜簡述

◎伏羲氏，距今約６８００前，傳獲得了「河圖」、並制畫八卦，為「連山易」。

◎黃帝創制天干地支，定八方，為「歸藏易」。

◎大禹傳獲得了「洛書」，重劃天地之數。作「洛書九宮圖」。

◎夏朝因循「連山易」、「歸藏易」。

◎殷商朝因循「歸藏易」，創制「甲骨文」來記載卜辭，開始有了易經卦象、卦文的記載流傳。

◎周朝，周文王重新編定六十四卦卦名，做後天八卦，奠定了「周易」的基礎。也就是流傳到現在的易經。後人也直接將易經稱為「周易」。

◎周朝，周公除了制禮作樂外，也同時詳細批註了６４卦，每一卦象中六爻的「３８４個爻辭」。

◎春秋末期，孔子作「繫辭傳」及「十翼」，批註讚揚「周易」，從此將易經納入了「經典」之列，而不再是單純的與天人、神明溝通的卜筮文字和儀式方法了。

◎戰國時期，王禪祖師「俗稱鬼谷子」，以易經八卦通鬼神、做符術、畫陣圖，創立了「奇門遁甲」的學術，開創了易經的道學五術的學說之派。

◎秦朝，秦始皇焚書坑儒諸子百家的學說盡皆失傳，易經因被視為卜筮之書，而得以流傳不被焚燬。

◎漢朝，易經開始有了「義理」和「術數」的分別和爭執。費直傳古文易，稱為「費氏易」。但因漢朝也尊崇孔子和儒學，開始有了科舉制度，於是也將易經列入六經之中，成為讀書人考試必讀的科目之一。

◎漢朝，焦延壽著「易林」，京房著「易章句」，均著重於卜筮之說，是為術數的流派。開始將易卦的六爻安納上干支和陰陽五行來批論吉凶。

◎東漢，張陵精通符術、易經術數之理，創立了「五斗米教」（即後世俗稱的道教），以黃巾賊起兵作亂，也正式將「老子和道德經」及「易經八卦」，私自歸為道家的學說經典。其實「老子和道德經」及「易經八卦」，並不應該歸屬於任何的宗教，而只是私下被這些宗教所引用吧了！

◎後漢，鄭玄精通經典，作「易禮」、「易緯」等八篇。

◎魏朝，魏伯陽融合易經的術數之理及龍虎經，作「參同契」，更加確立了將易經八卦納為道家的學說經典和圖騰。

◎晉朝，崇尚道學，此時易經儒學的義理不振，術數卜筮之派大為盛行。

◎南北朝，政治紛亂，仍以道學、玄學、佛學為重，易經的儒學義理之說仍式微。

◎隋朝，王通作「贊易」等書，重新宣揚易經的儒家義理經典之說。房玄齡、魏徵、李靖，都是他的學生，也因此又將易經的儒派義理經典之說，在唐朝發揚了起來。

◎唐朝，孔穎達作「周易正義」，郭京作「易舉正」，李鼎祚作「周易集解」，都是來宣揚易經的儒家義理經典之說。

◎五代時期，道士陳博作「易圖」和「指元篇」，而後傳至邵雍作「梅花易數」和「皇極經世」，而將易經的卜筮術數演化，開創了另一個新的局面。

◎北宋，有一派專承陳博的易卦圖像之說，專重於卜筮術數，如周敦頤作「太極圖說」，邵雍作「皇極經世」。

◎北宋，有另一派著重於理學之說，於是易經的儒家義理經典之說，也大為發揚，如歐陽修作「易童子問」，蘇軾作「東坡易傳」，司馬光作「溫公易說」，程頤作「易傳」等。此時「義理」和「術數」儒道兩大學派，開始了互相的攻擊和批評，也從此造成了我們後代世人，對易經有了混淆不清的看法。

◎南宋，朱熹獨尊理學和儒學，作「周易本義」、「易學啟蒙」，從此將易經的術數卜筮五術之說，貶為不入流的江湖術士算命神鬼之派。

◎元朝，仍延續南宋的風氣，以易學的經典義理之說為上，有許衡作「讀易私語」，胡一桂作「易學啟蒙」等書。易經五術卜筮被視為低微的算命神鬼之說，已經深入了民間社會。

◎明朝，明初出了一位曠世奇才劉伯溫，精通易經的儒學和道術，也經熟奇門遁甲、天文地理、風水陣法，而留下了許多有關易學和命理風水的偉大著作，如「黃金策」、「滴天髓」、「推背圖」、「燒餅歌」推論未來的書、歌，對後代的易經卜筮術數五術、命理八字有非常大的影響。

◎明朝，另有來知德作「周易集註」，創新的不以儒學的爻辭和道派的干支五行來解卦，另創以錯卦、縱卦、互約卦等，將六爻重新排列組卦的方法來批解卦象。

◎明末清初，藕益大師精通儒、佛經典，為明末四大高僧之一，是首位將易經和佛理相互融合演譯，將西方和東方的兩大哲學義理，融合為一體的著作，著有一部《周易禪解》十卷。

◎清初，因明朝劉伯溫等人，對於易經的術數卜筮有了更詳細的批註，而進一步奠立了易經卜筮精準的解卦方法，成為推算未來吉凶禍福最準確的地位，而有清康熙時的李文煇（人稱野鶴老人）作「野鶴老人占卜全書」，黃宗羲作「易學象數論」，毛奇齡作「太極圖說遺議」等。

◎清代中葉，因科舉制度盛行，易經的儒派學說也因此大為盛行，有惠棟作「周易述」等，李光地作「日講易經解義」等。但仍有焦循作「易圖略」仍是重於卜筮之說。

◎清末、民初，易經的儒派義理經典學說，已經立於殿堂之上，成為各個學子官人必讀的經典之學，而卜筮術數之派，仍是被認為算命神鬼不入流之學，而流落在基層的民間，其中又被不當的誤用，藉口以家傳密傳等神秘色彩，來裝神弄鬼、斂財騙色，才會更加造成現今一般民眾對易經混淆難解，甚至誤會低貶的情形。

但是此時仍然有關於易經卜筮的偉大創作出現，其中以清光緒時的王維德字洪緒（人稱林屋王山人）所著作的「卜筮正宗」為規臬，專門來論解明劉伯溫所做的「黃金策」，詳細批註六爻干支五行、六親、六獸、世應、日辰、月建等的應用，與李文煇（人稱野鶴老人）所作的「野鶴老人占卜全書」，延至現代仍是學習易經卜筮解卦必讀的經典之作。當然這一些書是以干支五行來批註卦象，因此若只是研習「周易」儒學經典的人，來讀此類的書絕對是很難瞭解的，所以才會發生許多讀完周易經傳的大學生，卻仍是無法學會如何來批解此一類卦象的窘境來。

◎民國時代，民國初年戰亂紛起，又加上多位學者如胡適等人，倡導新文化、新科學和白話文運動，易經和其他的古文典籍一樣，終於正式歸入歷史之中，不再受到讀書人的重視，這之中並沒有太多的新著作出版。僅剩下屬於術數卜筮之類的學派，也終究附身於道教符術神鬼之下，以父傳子、師徒不外傳，和口耳相傳的密笈神秘型態，而流落於民間。

◎大陸的易經發展：

中共的「文化大革命」幾乎將中國的文化傳承破壞殆盡，當然也包含著易經的文化傳承，所以現在想要在大陸找到對易經有深入研究的人，也幾乎很少！不過近年在大陸的改革開放之下，也相繼成立了不少的「周易研究協會」，開始有越來越多的人興趣於易經的研習，但一般仍是多以批論吉凶卜筮為主。

◎香港的易經發展：

因為作為英國殖民地的關係，屬於中國的固有經論文化，並未受到太多的重視，所以易經仍是以術數卜筮、批論卦象吉凶為主，算命、卜卦的風氣堪稱一絕，幾乎是中國算命文化的最佳表現，單單一個廟街夜市，算命的攤位可能就超過500攤，可見香港人對於易經算命的熱衷程度。

◎香港的南懷瑾大師：

南師精通佛學、易學、道家各家各派之說，堪稱為近代的易經奇葩，南師各種著述甚為豐富，是研讀易經和佛理的必修經典，對於易學有「易經雜說」、「易經繫傳別講」。

◎台灣的易經發展：

因為中央政府轉遷台灣，相對的將中國的固有文化，也大量的帶進來台灣，其中也包含著易經文化，所以有許多的「唐山師」來到台灣，也在台灣的民間留下了不少易經的事蹟。所以若說易經保存發揚最完整、最多采多姿、最多樣化，應該是在台灣這四、五十年的時期吧！

◎百家輩出、各領風騷：

因為台灣的言論自由、學術研究的開放，也造就了易經 文化的豐富和多樣化，有專注於學術研究的經典之說，也有另創門派、手法的術數之論，其中如易學博士徐芹廷，李登輝前總統的易經老師劉君祖，隱居竹山的鐘義明老師，以及活躍於螢光幕的王中和、陳冠宇、余雪鴻、等幾位命理明星大師，都各有屬於他們對易經獨到的見解和著作。

◎易學著作、五顏六色：

台灣現代的易經著作，的確是歷代以來最豐富和最多樣化的，這是對於易經文化一個很好的發展，只是很少有一個很清楚、詳細的分類簡介，已至造成許多對易經有興趣的初學者，一時很難選到適合自己程度看讀的書籍，仍然普遍存在著易經難學難懂，或是神秘的算命書籍，等等這類混淆不清的看法。

◎目前市面上的易經著作書籍，大概可以分為以下幾大類：

【白話本易經】

目前版本最多。將周易經傳、彖、象、象傳、繫辭傳等古文注疏、卦意，直接另以作者的解釋，並不作古文原文的翻譯，而是以白話解說來解釋卦象、卦意，並配合所卜問的事項，來批論吉凶好壞。只是各版本書籍的內容有無詳細、簡略的差別吧！此類的書籍較適合初學者來看讀，如：免卦名金錢卦、易經占卜大全、易經推命術、易卜神卦、米卦金錢卦……等書。

【周易經傳的白話翻譯本】

版本也滿多的。是以周易經傳為基本，配合彖、象傳、繫辭傳等古文注疏、卦意，然後依循其原文的章節以白話來解說、翻譯。此類版本較注重於十翼傳著作的講解，對於初學者而言，讀起來會很難懂，更不用說學來卜卦、解卦了！如：周文王先天易數占術、易學啟蒙通釋、周易啟蒙翼傳……等書。

【解卦實例運用書籍】

以卦例來講解實際的案例，有針對股市的、感情的、財運的、姓名的……，此類書籍最好是已經對易經的卦意和基本運用，有些熟悉了，再來參閱這些書籍，否則也是讀來很難深入、瞭解的！如：易經與股票走勢、斷卦實證……等書。

【屬於另類的易經心得】

是以易經的「語法」、「卦象」來表達另一種對人生的看法，其實這一類的書籍大概多跟卜求吉凶沒有太大的關係，較多重於以易經的義理哲理，來闡述現代觀點的易經觀念，通常要看這一類的書籍，最好對基本的卦意、卦理已經有基礎了再來看，可能會比較能夠瞭解作者想要表達的意念！如：易經繫傳別講、數位易經、易經與現代生活、活用易經人生、現代易經、、等書。

【有關易經古本註本的白話翻解】

將歷代先賢有關易經的古本著作，予以白話解說翻譯。如京房易傳、易隱、易冒、河洛精蘊、河圖象說、來註易經圖解、皇極經世密本……等書。但是這一類的書，因為大部分都是直接以手抄本印刷，讀起來很累，還沒學會易經，大概眼睛都看壞了！或是它的內容，已經不是很符合現代的環境背景了，通常並不建議初學者來看讀。

【黃金策的解讀本】

但是在這些古本易經書籍中，其中以明初劉伯溫所寫的「黃金策」，和清初王維德所寫的「卜筮正宗」，卻仍是現在很重要在易經卜卦、解卦上的重要讀本，是想要精研深入易經解卦的必修書籍，一般有論及六親、六獸、八宮世應……等內容的書，應該都是屬於解讀黃金策的書籍範圍，但是初學者請還不要去研讀，這已經是屬於中階或中高階的層級了！。如：卜筮正宗、卜筮精論、野鶴老人占卜全書…等書。

【其他相關性占卜書籍】

由易經衍生出來的另一類占卜書籍，與易經很相像卜卦書籍。如：梅花易數、鐵板神數、測字精通、易經數字開運寶鑑……等書。

附錄二　周易經傳讀本的基本介紹

【經傳的全文內容】

上經經文，下經經文，序卦傳，繫辭上傳，繫辭下傳，文言傳，說卦傳，雜卦傳，彖傳和象傳。

【卦爻基本名辭解釋】

六畫卦，陰位陽位，當位得中，承乘應與，錯卦，綜卦，本卦變卦，貞悔相爭，中爻，互約卦

【經傳基本名辭解釋】

經傳，十翼，彖傳，象傳，文言，繫辭，說卦，序卦，雜卦

經傳：易經周易的內容，分為經傳兩部分。經就是卦畫、卦名與卦爻辭，傳是最早解釋經文的，有十翼之稱。

十翼：所謂十翼，實質上祇有七，即彖辭、象辭、文言、繫辭、說卦、序卦、雜卦、彖傳及象傳，依經文分上下而有上下篇。繫辭傳則有上傳和下傳．故得其十，曰十翼。是最早用以輔助解釋易經經文的。

始，乃統天……首出庶物，萬國咸寧。」就是解釋元亨利貞的彖傳，前面會以彖曰標明，彖有斷的意思，依此論斷一卦之義。

象傳：象傳又分大象傳和小象傳。大象傳仍就全卦卦象引伸，鼓勵學易君子取法天道，例如乾卦大象傳「天行健，君子以自強不息。」坤卦大象傳是「地勢坤，君子以厚德載物。」小象傳解釋每卦的爻辭，例如：乾卦初九，爻辭為潛龍勿用，「象曰：潛龍勿用，陽在下也。」

文言傳：文言傳只有乾坤兩卦才有，是對乾坤兩卦的卦爻辭作更深一層闡釋與發揮。例如：元者，善之長也者。嘉之會也。利者，義之和也……故曰：乾，元亨利貞。

繫辭傳：上下傳各十二章，為通論易經的文字，學習易經時，一般是應先由繫辭傳和說卦傳入手，以知一經之全體大例和明學易指歸，繫辭傳在中國思想史的價值很高，行文簡贍，音韻鏗鏘，也是極好的文章，若視繫傳為經之導讀，亦未嘗不可。

說卦傳：講易生成之理和八卦成卦之理、方位、特性，以及廣其八卦之卦象。例如：乾為天，為圓，為君，為父，為玉，為金，為寒，為冰……示範廣象廣義之法則，以求變通活用，其象不必盡合於經。說卦傳猶如同今之序言，其前二章可和繫辭上下傳同參。

序卦傳：講六十四卦依序相生之理，以見消長之迭倚。例如：屯者，盈也；屯者，物之始生也，物生必蒙，故受之以蒙。蒙者，蒙也，物之稚也，物稚不可不養也，故受之以需，需者，飲食之道也。

「序卦傳之上下經卦名次序歌」

乾坤屯蒙需訟師，比小畜兮履泰否
同人大有謙豫隨，蠱臨觀兮噬嗑賁
剝復無妄大畜頤，大過坎離三十備

咸恆遯兮及大壯，晉與明夷家人睽
蹇解損益夬姤萃，升困井革鼎震繼
艮漸歸妹豐旅巽，兌渙節兮中孚至
小過既濟兼未濟，是為下經三十四。

雜卦傳：雜卦傳很短，才二百五十字，綜合比較六十四卦的特性，言簡意賅。序傳言易道之常，雜卦傳言易道之變，雜卦之妙，須研易已深，方能盡得之。

【其他讀易之次序　易學著作建議書目】

■易學著作建議書目

甲、古文注疏：

1、周易本義（朱熹）

2、伊川易傳（程頤）

3、周易集注（來知德）

4、周易注疏（王弼／韓康伯／孔穎達）

乙、白話譯注：

1、周易譯注（黃壽祺·張善文）

2、周易全解（金景芳·呂紹綱）

3、白話易經（孫振聲）

丙、白話詮解：

1、易經與現代生活－決策易／生活易／經典易（劉君祖）

2、易經與生涯規劃－治平易／性情易／組織易（劉君祖）

3、易經與終極關懷－天地易／人間易／神明易（劉君祖）

4、易經繫傳別講上·下（南懷瑾）

5、易經雜說（南懷瑾）

6、學易筆談上·下（杭辛齋）

7、讀經示要（熊十力）

8、易鑰（陳炳元）

附錄三　甲骨文中卜辭的解析

甲骨文，又稱「殷墟文字」。是五千年前，上古夏商周時期人們以龜甲、獸骨，來向天上的神明請示生活中的疑難，也是透過卜筮的儀式，來和神明溝通的一種方式。

「甲骨」上所刻的文字卜辭，就是來記錄所卜求的問題、卦象和批解的經過。又稱「卜辭」、或「貞卜文字」。

甲骨文是中國殷商時期使用過的一種文字，最早是在殷商遺址發現。這些刻在動物骨頭上的象形文字。在出土的文物中，整理出４０００多個不同形體符號和文字，現在能辨識的有１０００多個字，其中可以辨識出四十五種不同的動物種類，可說是我國最早的文字。

甲骨文中卜辭的解析（節錄至歷史博物館之說文解字）

甲骨文的內容，大部分是用來記述解說，向天上的仙佛、神明祈求後，所卜筮出來的卦象解說，一般它的卜辭可以分為四大部分：

一、前辭：又稱為「述辭」或「序辭」，記載著占卜的時間、地點，來占卜人的姓名及官位，以及擔任此次占卜的人等。

二、命辭：主要記載所卜筮求問的事情。

三、占辭：記載著占卜出來後，占卜的卦官，對此一卦象所做的批解。

四、驗辭：記載著所批解的卦象與事實，有多少互相應驗的紀錄。

只是有時候以上的四大部分，並不會在每一片的龜甲中都會很詳細的紀錄，通常都會有一些省略。但是主體的命辭和占辭，是一定會記載的。

殷墟文字－甲骨文

附錄四　佛門占卜專書　佛門照妖鏡　占察善惡業報經

有興趣於中國易經卦象、卦理的人，必讀的另一部占察卜卦的經書。

「占察善惡業報經　序論簡介」

佛門中專門教授占察卜卦的經書

【為何佛門中沒有像易經，這種為人指點疑惑的好法門呢？】

在二十幾年的易經學習和幫人占卜卦掛服務中，深刻的體認，易經的確可以將一個人未來的吉凶發展，批解的十分準確，是一種非常能夠幫助眾生解決問題的好法門。可是我個人在85年正式皈依成為佛門弟子開始學佛，卻常聽到師父們說到：佛教是不能夠卜卦、算命的……縱使當遇到困難、煩惱、疑惑時，也只能請示更有德性的大師，或是自行更加精進努力的來修行、懺悔，自然有菩薩會來加持、保佑的！

但是讓我對佛法開始有些認識和瞭解後，卻感覺應該不是這樣的！尤其是觀音菩薩那種「願為千萬種人，開千萬種法門」，隨緣來度化眾生的大慈悲心，更是令人感動。而就我個人對易經、八字的瞭解和心得，這就是一種能夠非常有效、迅速，來隨緣度化眾生、親近眾生的好法門！尤其易經的卦理、卦象，更是能夠來檢視自己的行為、觀念，是否有所偏差入邪不當的好方法，並不是單純用只來批論吉凶算命的，那為何卻被佛門所禁止呢？似乎總覺得，以世尊、佛菩薩如此的大智慧，應是不會捨棄這樣好的一個法門。

很幸運的！在91年的一個機緣中，認識了精通佛學洪師兄，跟他提起了心中的這個疑惑時，在他的解說介紹下，竟然在佛門三藏十二部經典中，是非常清楚、明白地有一部經典【占察善惡業報經】，就是專門以占察木輪相法，來占卜審察我們佛門弟子和俗世眾生，修行是否清淨、業報是否輕重、所行所為吉凶如何……的一部占卜經書，雖然占察方法與易經不同，但是那種意義卻是完全一樣的。此時的我，真是對佛菩薩的大智慧，佩服感動到無法言喻的心坎裡，也對佛法的真實和信心更加更加的堅定，尤其是佛法的廣博精湛和包容無礙，更加的肯定！

在這幾年的學佛心得感受中，常覺得當有信徒、弟子遇到一些俗世的煩惱、困難時，師父總是一味的鼓勵誦經、做功德、積福報、、要用功精進，似乎很難對問題有直接的指引和幫助，讓人深覺得，難道佛法就是要放下一切，事事無所求嗎？這樣實在與我們的生活很難貼近、鍥和。尤其是遇到一些對於經典、修持上的疑問，更是被師父駁斥為邪思妄想、旁門左道，只要「一門深入」專心念佛、精進拜懺，自然就可以業障消除、悟道成佛、往生極樂世界了！

但是這樣的觀念想法，不就違背了佛菩薩廣開千萬法門的大願了嗎？經典也不必有三藏十二部那樣的浩瀚廣博無窮了！所以，我個人的粗淺心得，應是可將法門概略可以分為「出世間法」和「入世間法」！然後針對佛門弟子或眾生的資質因緣，來善巧方便演說，主要應該是要看該弟子眼前當下的業障疑惑，為他指引一條有效的解決方法，才能展示世尊、佛菩薩的廣大神力，和大智慧的法門應驗。

【佛門中的入世善巧三法】

曾經有學生請教我，問說：佛法中有教佛弟子，在俗世凡人間能夠來卜求吉凶禍福的法門嗎？能夠有來教求財、求官、求事業、求健康的法門嗎？而不要只是一昧地要信徒「放下一切」！「一心念佛」的出世間法！

佛法有八萬四仟法門、佛經有三藏十二部，如此廣博大智慧！當然是會有著以上那些的法門，就是所謂「入世間法」，也就是在這人世間中，來幫助我們解決眼下當前問題的方法，而最直接的就是「入世善巧三法」

第一就是爲，「地藏王菩薩」所說的「占察善惡業報經」。就是專為占察「三世因果」，而來求卜吉凶禍福，業報輕重的占卜法，甚至進一步來檢驗審察自己的修為、心境是否清淨，心念是否正確，七情六慾是否無礙，其實就有如一面「照妖鏡」般，清楚明白的將自己的內在，以木輪卦相完全的顯現出來。

第二就是爲，「東方琉璃藥師佛經」所傳的十二願法門，和「藥師咒」。就是專為眾生來祈求解病厄、求健康、延壽命的法門。

第三就是爲，「觀音法門」中的「準提菩薩」所傳的「準提咒心法」。就是專為世人求官、求財、求福報、延壽、求子等的修持法門。

因為中國佛教的傳法自從唐宋以後及至明清，因歷代戰亂和「三武滅佛」的因故，有許多佛經、典籍，都被焚燬未能廣大流傳，以致較偏重於傳述「出世間法」法門的顯教淨土法門和禪宗的空性法門，有如淨土宗所強調的「一心念佛」，自能

脫離此世間的苦樂煩惱、病痛，而於往生後到達「西方極樂世界」，對於佛弟子修持而言，的確是非常好的簡便法門。或是有如禪宗「金剛經」、「心經」中，所闡釋的「空性」，和放下一切，出此世間的不執觀法門。

而不重視以經典論述，或密法修持的眾多法門，造成目前有非常多，而且適合眾生修持的好法門都被排斥在佛門之外。

再加上宗派之間我執心的互相排斥，以致於以上三法，除了「藥師咒」在民間稍有所聞外，其餘兩大法門，根本就很少有法師願意來修持、傳述、開示，當然其他的佛門弟子更是無此機緣，來瞭解修持了！這當然對於世間人中的眾生，是一個很大的損失！

【佛門的照妖鏡　占察善惡業報經】

而且個人在「占察善惡業報經」的研讀修持中，更是發現了明末清初的高僧「藕益大師」，對於此經也是非常的推崇弘揚，先後著述有《占察玄疏》三卷和《占察行法》一卷，有不同於其他大師的看法和見解，認為是「地藏王菩薩」三部經典中〈地藏王菩薩本願經，地藏王延命十輪經，和占察善惡業報經〉，最能入世渡人、親近眾生的一部經典。及至民初的「弘一大師」也是延續認同「藕益大師」的看法，對此經的修持更是精進不已，甚至還親自雕做了「占察木輪」，來教導信眾如何占察，以及行占察懺法。目前對此經有最深的精研和弘揚，就是「夢參大師」，有多篇對於此經的傳述、講記和心得。

由此可見「占察善惡業報經」的確是一部值得我們來深入研究、修持的入世好經典。因此個人淺漏地將近年來對於「占察善惡業報經」的修持心得，和易經的精神相呼應，野人獻曝地發表一些淺顯的心得。也效法學習前賢高僧「藕益大師」將佛學與易經，兩相呼應論述，「藕益大師」著述了一部《周易禪解》，充分展示了大師對於佛法中，事事無礙、一心菩提，以佛入儒、以儒引佛，無宗派法門、經典的界限，一切以眾生所求所需為本的大慈悲菩薩心，將佛法救人、渡人、悟人的精神，完全務實的在世間法中推行的精神。

那為何在歷史上自從隋朝「菩提登三藏法師」翻譯了以後，也沒有什麼人來看，這個法門也很少有人注意，雖然大藏經裡很早就有收藏呢？

我個人覺得有兩個最大的原因：

一是世尊曾在戒規中，不准佛門弟子來打卦、算命。

但我個人認為這是一般佛門弟子不夠用功，沒有把這一部經典瞭解透澈，去體會世尊的智慧和用心，否則就不會拘泥於戒律，而來深深研習修持這部經典了。不然「金剛經」也提到了所有有為法，都如夢幻泡影，結果許多佛門弟子還不是把許多經典每天抱的死死的在唸、在讀誦。

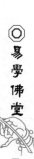

二是，應該是人的天性「心虛」吧！因為占察木輪就有如「照妖鏡」般，所有的信眾、弟子都修持學會了，木輪裡頭有好多的卦相，大家看看這一百八十九種就知道了。例如說我親近這個師父，聽他講經或跟他學法或皈依他，他是不是有真實道德？我跟他學什麼？讓弟子們來搖搖看，我有德沒德？沒德就不要跟我學了，等於暴露自己了。所以這也是「木輪相法」一個宏揚不開來的重要原因，所以我個人才會稱它為「佛門照妖鏡」！

在禪寺裡我曾跟住持師父聊起了這部經典，住持師父說她曾經讀過這部經的，但是沒有木輪，也不知道該如何來占察，我說，「師父，我大概有一點心得了，自已也有拜過菩薩、行過懺了，也自己占察過了，那種菩薩的感應，的確是不同於「易經」的卜卦的！我問師父，要不要讓我來幫她占察一次呢？」結果師父趕忙說，做晚課時間到了，一溜煙就走掉了，然後從此就再也沒有和我談起這部經了！

所以這不就是人性嗎？連已出家慈悲修持了三十幾年的住持師父，都有如此的心態，更何況是一般人呢？其實這個根本就沒關係的，你說師父我沒德性，還有三業的業障在，師父可以修啊！可以帶著大家一起來拜懺，消完罪不就三業清淨，就有德性了啊！這不是更好、更值得弟子們的尊敬嗎？

否則看過許多出家師父，經誦的多好，說自已多慈悲，可是世俗利益心卻還比一般信眾還厲害，這也就是世尊為何直到快滅度的時候，趕緊請「地藏王菩薩」來說了這部「占察善惡業報經」的佛門照妖鏡呢！為的就是請地藏王菩薩來作主，讓我們能來照亮自已修持的心，是否已經清淨了，沒有雜思、污濁了？是否在看起來清淨的外表下，仍然還是包藏著利慾的禍心呢？是否道心都已經被邪魔入侵、干擾，卻還不自知呢？甚至還可以直接以木輪相法，來與「地藏王菩薩」請示溝通，在菩薩以占察木輪時時刻刻的指引下，讓自已的智慧更成長、行為更端正呢？根本就不用還痴心妄想的在求感應。所以我常對學員說，根本就不用求啥「感應」的，木輪一擲，不就直接通到地藏王菩薩那邊去了，比打行動電話還快，還哪需要什麼感應，把一個感覺猜個老半天的呢！

因此我想我們該好好的來共同學習，弘揚這個法門。因為我們信眾現在疑惑多，我們好多的事情認識不清。比如說老師或師父發心設個大道場，沒這個力量，那怎麼辦呢？我請地藏菩薩指示我一條出路。我去買樂透獎，不是為了賭博，也不是為了幹啥，為了宏揚佛法或者乃至於做其他的事業，因此大家得要知道這個法門什麼樣叫相應，什麼樣叫不相應，並不是你隨便木輪一擲一求就會有的，這還有相不相應的學問在裡面呢！所以這一定要把經文孰悉好，不是一知半解就能來隨便亂說的，是會犯很重的「口業」的！

【占察善惡業報經　簡略說明】

在此簡略地將「占察善惡業報經」的部分內容說明一下

■緣起

爾時，釋尊在靈鷲山以神通力展現莊嚴道場，演說甚深根聚法門時。有一位「堅淨信菩薩」起而請示佛，說：在末法時期，眾生會產生許多凶衰苦惱、災害頻起的現象，而致使信奉佛法、修行禪定、奉行菩薩道的人極少。是否有方便善巧的法門，能來指示、感化、開導眾生，使眾生不再心生疑惑和矛盾，而斷除各種障礙，增長清靜的信心……！

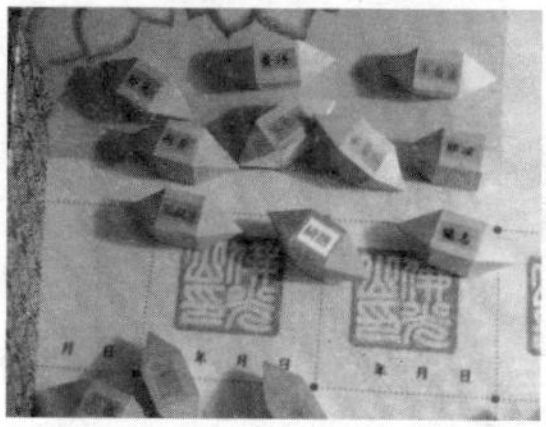

於是，佛很慈悲地指示『地藏王菩薩』來演說，能用來「占察三世因果、吉凶善惡善巧方便之法」，名之為『占察善惡業報經之占察木輪相法』。雖然，佛曾告

誡諸弟子不能卜卦算命，但是卻以此不同於一般卜卦算命之法的「占察木輪相法」，來順應、憐憫眾生，為眾生開啟此一善巧方便法門。

此占察卜法靈驗無比，能查出三世因果、善惡業報之深重，及求卜生活中各種煩惱、困惑和未來的運勢吉凶發展，但是必須占卜之人，心極誠敬！能虔誠的祈求禮敬「地藏王菩薩」，才能順利相應的求出卦象來！

若有比丘、比丘尼欲受清淨戒，更可以以此輪相來占察，若皆已得空白清淨之輪相，即為「三業清淨」，可自行受戒，得戒體！

【木輪相法】共有三種輪相。

第一輪相 占察過去三世累世因果中，所犯下的三業：身、口、意。此三業十報的善惡輕重，再以此輪相，來推算今世會有何因緣果報。

第二輪相 占察三世累世因果中，所犯下的三業：身、口、意。此三業十報的善惡、輕重、遠近，可以以此輪相，來檢視自己的修持有無進步或退步。出家眾，甚至可以以此輪相，若得三業木輪皆清淨相，可直接由『地藏王菩薩』來授戒，得戒體。弘一大師即是由此來受戒的。

第三輪相 業報經中共有189個卦象，以此輪相直接來求卜，運勢、事業、財運、健康，或是前世由何而來、往生將去何處，等吉凶禍福。再由所求出的189卦象中的其中之一卦象，來批解所求事項的吉凶善惡。

註：占察善惡業報經的詳細內容，請參閱老師的另一本著作：

「佛門占卜專書」之占察善惡業報經，佛門中專門教授占察卜卦的經書。

微笑菩薩（北齊）

黃老師有在佛寺和佛堂以「占察善惡業報經」的「占察木輪相法」來為信徒占察三世因果，和今世未來的吉凶禍福，黃老師個人不收紅包，一切隨信眾隨緣護持佛堂即可。

歡迎有興趣的師父、居士、信徒，能來禪寺一起禮佛共參，分享彼此的心得！

易學佛堂的所有出版書籍，都歡迎各界大眾免費來索取傳承，若有對老師的肯定和支持，也歡迎能夠隨緣捐助或助印，所有捐助款將用於社會救濟和宏法經費，謝謝大家的支持，感恩、阿彌陀佛！

善書助印結緣！請將書中所附之讀者回函剪下，並附100元硬幣或回郵，即可獲贈地藏法門之木輪相法

「佛門占卜專書」一書！

易學佛堂　台中講堂

住址：台中市河南路4段48-1號

電話：04-22518283

傳真：04-22518285

老師行動：0936-.299295

【請事先預約聯絡】

心・得・筆・記

附錄五　易學佛堂的精神宗旨

因為老師一直有個理想，就是要將易經命理正確的理念給發揚、推廣出來，而不只是單純的來給人論斷吉凶，如此才能回歸這種經典學問，如何來教導人們向善、增長智慧的本意宗旨，其中最好是能夠再來和佛理互相結合運用，以佛法來入理、易經命理來入事，從表裡的事物問題來解決，進而深入到業障因果的根本來提升。

以「易學為標」、「佛法為本」，為眾生開啟另一學習修行法門，幫助眾生更積極、有效的解決人生的困難，不再徬徨無助，更加有堅定的信心來修佛、行善、發揚慈悲心。

所以才會設立了「易學佛堂」，也希望藉由易學佛堂的設立，來幫助更多需要幫忙的眾生，也來與更多的善知識結緣。

「易學佛堂」有幾大精神宗旨和計畫：

1．以傳揚、教化正確觀念的「易學」和「佛法」為主，老師發心教學個人不收取任何學費，一切費用均由學員發心來隨喜護持禪寺、佛堂即可。

2．積極的透過網站資訊、書籍出版來弘揚正確的易理、佛學。

3．不斷的在學校、社團中開課、教學，教育出更多相同理念的人才，一起來推動。

4·建立禪修道場，提供想進一步修持的同好、學員，有個溫暖、舒適的地方，來共同精進努力，和共同的分享智慧，互相扶持的道場。只是老師的這個理想，也是需要很多社會大眾的認同和支持的，當然大家若是能來認同和共同來推動，老師當然是會很感恩的歡迎大家的加入！

附錄六　易學佛堂近年發展計畫

1、９０年１０月完成網站 架設

2、９１年３月完成卜卦程式網頁

3、９２年９月至１２月預計出版以下書籍有：易經入門初階講義、易經中階講義、易經高階講義、八字好好玩初階講義〈從星座來看八字〉、命由業造八字中階講義、真正改運的實務經驗心得（深入了凡四訓和準提法）、佛門照妖鏡（淺談佛教的占卜專書「占察善惡業報經」）。

4、９２～９４年建立「準提易學禪修道場」

5、93年於台中設立「易學佛堂」台中講堂

【易經入門初階講義】預計出版日期：９２年１2月

對於一個易經的初學者而言，一些基本學習的觀念建立是非常重要的：學習易經絕對不能死記，是要會活用，尤其是基本觀念的建立要正確。最好是領悟出自己的心得來，此時「無書勝有書」，把所有的書本條文忘光光，才是最高的境界……。

……以上對易經的看法都對，但都完全不正確。最最正確的說法應是：易經是一種溝通的「語言文字」，

和誰溝通呢？當然是和無形的菩薩、仙佛、神靈了！

其實易經的最早起源，就是殷商時候的「甲古文」……。

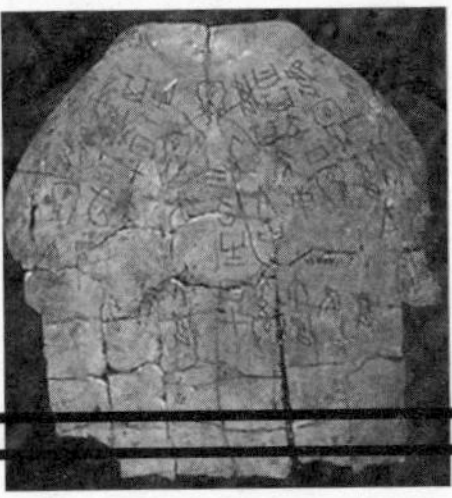

【易經中階講義】預計出版日期：９３年10月

周易經傳和繫辭傳、十翼傳……等都是易經的根本，對一個學習易經的人而言，絕對是不能忽略的根源，只是如何再以現代的白話語法，和配合現代的環境背景來重新描述，也是身為現代易經的研習者該有的一個期許和使命吧！……

……河圖不是一張圖！……洛書也決不是一本書……應該是一個數字的運算程式喔！……讓黃老師帶領你進入易經的神秘殿堂中……

【易經中高階講義】預計出版日期：９３年6月

山、醫、命、相、卜，修行、練道、成仙、證果位……永遠都是令人很嚮往又神秘的一件事，如何透過卦象的引導，讓我們能與神佛、菩薩來溝通，輕易的進入神靈的境界中……是通靈嗎？……那你太小看我們這部五千年來，值的中國文化最驕傲的經典「易經」了！……

……「千金賦」如何一字就能值千金呢？「黃金策」真是像一本黃金那樣的無價嗎？天干、地支又是該如何來運用呢？難不成又是個數學公式嗎？……好多、好多的疑問……就在黃老師的【易經高階講義】中，以老師了累積四個世代來的經驗和心得，一一為你來破解……

【八字好好玩初階講義〈從星座來看八字〉】 預計出版日期：９３年１月

八字四柱是中國命理文化中最精準，也是最被民間社會所認同的論命經典，許多父母、或祖父母都會給我們的子孫批算上一張「命書」。但是為何流傳到現代２１世紀的資訊、電腦新時代中，卻仍是那樣的神秘難懂呢？真的是會洩漏天機嗎？

……還是那些算命師仔在唬人的呢！……

……在黃老師的看法下，八字根本就是和現下最流行的「星座學」，完全一樣嘛！哪裡有什麼天機和神秘呢？所以老師發心要以四個世代來的經驗和心得，教大家從星座來入門，輕輕鬆鬆進到八字的神秘領域中……發現原來八字和星座一樣的好玩、一樣是生活中的話題……讓你瞭解「獅子座」就是「正官＋傷官」、「射手座」就是「壬水＋劫財」、而「雙子座」呢？當然就是「偏財＋乙木」了。

【命由業造八字中階講義】預計出版日期：９３年5月

老師從來都不相信「宿命論」，更是堅持「人定勝天」的道理，只是一個人所有的努力，都必須符合天意、符合正義公理！若是都要順從「命運」，我們是不是根本就不需努力地來檢討改善自己，使自己的智慧增長，心裡的貪欲、錯誤的行為減少呢？那根本也不需要「算命」、「卜卦」、研究易經八字了嘛！

其實，這不是一個「二分法」的觀念！老師常以為，任何一套學問絕對有它存在的價值，也更有它值得我們去學習的重要。尤其是關於「易經、八字」這類長期被人誤解的學問，更需要我們用很正確、科學、客觀的角度來去瞭解它！……

……人是會「輪迴轉世」的！甚至包括天下萬物也都是在這「六道輪迴」之中。既會轉世，當然一個人就會有著「前世」、「今世」、和「來世」的連帶關……一個人今世的種種高矮、胖瘦、聰明、愚鈍、出身富貴、貧賤當然與因果有著密切的關連，所以才稱為「命由業造」……

那在你的識種中、身體內到底有存在著什麼樣的「業因」呢？該如何能去發現、瞭解、甚至去進一步的來改善呢？……讓黃老師以八字中的五行生剋、刑沖，來一一教你來批解吧！

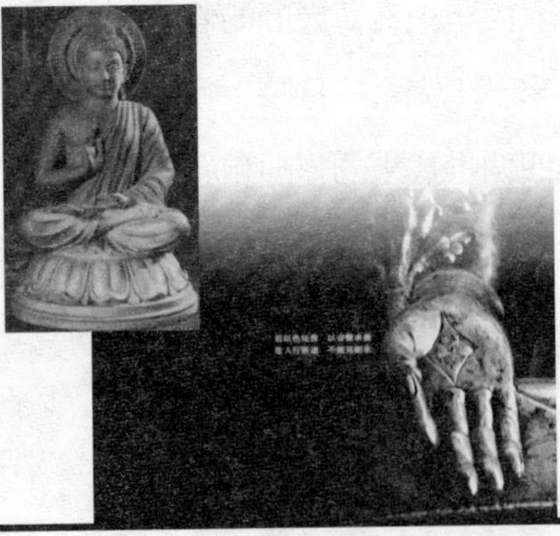

【真正改運的實務經驗心得（深入了凡四訓和準提法）】

預計出版日期：９３年12月

【準提神咒】

稽首皈依蘇悉帝　　頭面頂禮 七俱胝

我今稱讚大準提　　惟願慈悲垂加護

南無颯哆喃　　三藐三菩陀　俱胝喃　　怛姪他

唵　　折戾　主戾　準提　娑婆訶

對於一位出身清貧，又對「易經、命理」有興趣的人而言，絕對是非常想要從「知命」而到「改命」的！……可是卻一直都無法從「易經」中瞭解到，該如何才能來改變自己不好的「未來」呢？

但是在佛法中卻是有真正的根本解決方法！所以為何再怎麼「算命」，都絕不是根本究竟，惟有佛法才能徹底治本的改變，一個人累世的惡習、業障和壞運！

佛法若是沒有效？那試問？自從「釋尊」傳法二千多年來，願意皈依出家相信佛法的人，是否已經數億萬難以計數了！難道這些人都是「迷信」嗎？歷代這麼多高僧大德，都是空有其名嗎？當然不是，所以這在在應證了佛法的可信性、和可被重複應證的「科學性」！

在「觀音法門」的修持下，我徹底的改變了自己的因果和壞運，……而「觀音法門」中一般又包含了「六字大明咒」、「大悲咒」、和「準提咒」……。

「準提菩薩」的「準提咒心法」，最有名改運的公案典故，就是明朝「袁了凡」所寫的「了凡四訓」，說明了一個根本徹底改造命運的修持方法！……雲谷禪師聽了袁了凡立誓要做三千條善事，就把一種功過格給袁了凡看。要袁了凡照了功過格所定的方法去做……並且還叫袁了凡念『準提咒』！更加上另一重佛的力量;保證袁了凡所求的事，可以一定有效驗！

【佛門照妖鏡（淺談佛教的占卜專書「占察善惡業報經」）】

預計出版日期：93年1月

為何佛門中沒有像易經，這種為人指點疑惑的法門呢？……竟然在佛門三藏十二部經典中，是非常清楚、明白地有一部經典【占察善惡業報經】，就是專門以占察木輪相法，來占卜審察我們佛門弟子和俗世眾生，修行是否清淨、業報是否輕重、所行所為的未來吉凶如何……甚至更可以將自己的前世、累世的因果，都可以占察出來的一部

未來吉凶如何……甚至更可以將自己的前世、累世的因果，都可以占察出來的一部占卜經書，雖然占察方法與易經不同，但是那種意義、原理卻是完全的一樣。此時的我，真是對佛菩薩的大智慧，佩服感動到無法言喻的心坎裡……。

……就像是一面佛門的照妖鏡般，讓不管是出家眾的修行師父，還是一般的眾生，在「占察木輪」下都完全原形畢露……。

【木輪相法】　共有三種輪相

第一輪相　占察過去三世累世因果中，所犯下的三業…。

第二輪相　占察三世累世因果中，所犯下的三業十報的善惡、輕重、遠近……。

第三輪相　業報經中共有189個木輪卦象，以此輪相直接來求卜所問事情的未來吉凶……。

……此部經典，的確是非常值得我們來研讀、瞭解的…尤其是對中國的「易經」卜卦有興趣的人，或是曾學過易經卜卦的人，更是必修、必讀的一部占卜的經書。

【附錄七】黃老師四明居士簡介和心得分享

* 俗家姓名：黃仕銘 法號「四明居士」台中大甲出生五二年次。
* 俗家經歷：大學資訊，建築，企管經理人研究班，外銷電機公司總經理，室內建築設計公司負責人，保險經紀公司主管。

【求道經驗】

* 七十年，機緣偶遇「少林寺」俗家師父「青雲師父」傳習「易經」，建立了易經、八字、五行、風水等基礎。
* 七四～八十年，因家中有開設外銷電器工廠，而忙於公司業務和成家立業，偶而求訪諸家名師，習練道法，並未專於修行習道。
* 八十年，自行創業至台中市開設建築設計公司，並代理行銷國外廚衛精品。
* 八二年，另於大甲外埔「王工文」老師處，繼續研習易經課程，再次精進。
* 八四年，家庭突生巨變，與妻離異，台中建築設計公司亦結束營業。人生頓時陷入窮苦負債的艱難地步，本想於台南甲仙「六化寺」剃度出家，那晚卻因一段慈悲因緣，而被女鬼幽魂附身，時「地藏王菩薩」顯化指示：俗緣未了，需入世行渡化之便！以致未出家又回至台中，開始正式皈依入佛門，研習「金剛經」、「心經」，並受傳「觀音法門」、「準提法門」等佛法的修持。
* 八五年，謹遵「觀音菩薩」法旨指示，並發願弘揚佛法和易學，開始免費在各地教習

「易經」與佛法，由三義、銅鑼、苗栗、台北等地，四處開班授課，學員幾近二千員以上，其中劉師兄、李師兄、張師姐、徐師姐等多位學員師兄姐，皆已經學有所成各自開館來爲眾生服務，本人亦隨時於各地禪寺、佛堂，爲人免費解惑指點迷津，引渡亡靈、解怨化厄。

＊八七年，於在眾多學員的支持要求下，在三義鄉成立「易學佛堂」，有了固定的場所來上課及爲眾生服務。

＊九十年十月，「觀音菩薩」顯化指示，要本人接管三義的「玉倫宮」，並將其改建爲「玉倫禪寺」佛寺，來供奉「西方三聖、觀音菩薩、地藏王菩薩」，護持三寶、弘揚佛法、普渡更多眾生。

＊九一年，「玉倫禪寺」改建完成，十月網站也正式成立，提供詳細完整的易經、八字教學資料，另有免費的卜卦網頁，來服務網友。

＊九二年，於「觀音法門」準提觀音菩薩的「準提法」閉關修持圓滿後，遂將近十年的講義著作集結成書，預計出版書籍有：易學初階講義、易學中階講義、易學高階講義、八字好好玩初階講義、命由業造八字中階講義、真正改運的實務經驗心得（深入了凡四訓和準提法）、佛門照妖鏡（淺談佛教的占卜專書「占察善惡業報經」）

【一位易經老師初入佛門的學佛心得、改運之道】

【如何知命，而來改命呢？】

對於一位出身清貧，又對「易經、命理」有興趣的人而言，絕對是非常想要從「知命」而到「改命」的！但是從年輕十六、七歲起，不斷的來尋訪名師、鑽研經典，可是卻一直都無法從「易經」中瞭解到，該如何才能來改變自己不好的「未來」？

【災運、痛苦、失敗、負債、婚變、、，一一應驗在命中顯現】

筆者就如同一般人一樣，從學校畢業、當兵、結婚、創業、生子、、、，也面臨了工作不順利、公司經營不善、負債被騙、婚姻起變化、、、，種種人世間的悲、歡、離、合、苦、痛、唉、樂！真有如筆者的老師和自己對自己命局大運的推算一般，一一的來應驗。

甚至印象最深刻的是：當決定要與我認識八年的女朋友結婚時，青雲老師對我的勸誡，說：「你真決定要結婚了嗎？她對你刑剋的非常的厲害，尤其是在走大運三十三歲後，你的氣運根本制不住她，會有被欺壓離異的事情發生呢！」

還記得很清楚的是，我回老師說：「愛上了！又有什麼辦法呢！到時候再說了！」、、、

真如青雲老師所料的！三十四歲，我經歷了一段痛不欲生的婚變折磨，最後還是與認識了近十五年的妻子離婚。

【體悟了凡四訓，皈依佛門】

民國八五年，一個很落魄、負債、潦倒的生意人、學易經的人，在讀過「了凡四

訓」後，終於有所體悟而皈依了佛門，開始學佛、拜懺、當義工，從此慢慢改變了我的一生，不再如同命局、命運中那樣宿命的悲慘、不順，工作越來越順利，義工也越當越有興趣，八十七年終於還清了債務，開始不再受到財務上的困苦了！

【心得分享，與眾生結緣】

因此能將自己的心得、歷程來與眾生結緣，希望大家都能像我一樣，走出惡業、壞運的擺佈，在行善助人、佛法的修持中，真正掌握自己的人生和運勢！

以下節錄幾段在十年的上課中，

與學員眾師兄姐等的討論心得分享：

【問一】佛法真能幫人改運？消災解厄嗎？

老師在二十幾年的易經學習中，深刻的體認到，易經八字雖然可以將一個人未來的吉凶發展，批解的十分準確，但是又該如何來化解不好的厄運呢？不論是卜卦、八字、風水，甚至是符咒，似乎都無法提出一個能根本解決掉，一個人的災厄或不好習性的辦法來！

但是在佛法中卻是有真正的根本解決方法！所以爲何再怎麼「算命」，都絕不是根本究竟，惟有佛法才能徹底治本的改變，一個人累世的惡習、業障和壞運！佛法若是沒有效？那試問？自從「釋尊」傳法二千多年來，願意皈依出家相信佛法的人，是否已經數億萬，難以計數了！難道這些人都是「迷信」嗎？歷代這麼多高僧大德，都是空有其名嗎？當然不是，所以這在在應證了佛法的可信性、和可被重複應證的「科學性」！

【問二】那佛法要從何學起呢？

跟著師父念經、參加共修、法會嗎？

我個人在八五年正式皈依成爲佛弟子學佛，其實讓我對佛法開始有認識，是從一套漫畫的「佛陀傳」和「了凡四訓」開始讀起的。因此一個初入佛門的弟子，是絕對不能不讀「佛陀傳」的，祂應該是比任何佛經都來的重要吧！

看完「佛陀傳」和「了凡四訓」後，接著看「南懷瑾」大師所寫的「金剛經」，因爲南大師也寫了許多有關「易經」的書，如「易經雜說」等，所以也就從他的相關著作看了起來。

一直到九十年來玉倫禪寺服務，這其中其實是只有看了許多高僧、大德的傳記和著作，有如：南懷瑾、證嚴法師、聖嚴法師、鄭石岩、、、等人的書，對於念經、法會等，根本都還沒參加過呢！

但是來禪寺參加過念經、共修、法會後，真的也讓人對於佛法的修持有了更上一層次的瞭解！

所以，以一個初入佛門弟子的學習心得，覺得佛法應該有四個重要的學習階段：

一、第一階段「讀經（讀論、傳記）、拜懺」

【讀經】除了念經，在共修、法會時誦念各種佛經外，或是每天自修念經外。更應該看讀包含各種傳記，如「佛陀傳」、「了凡四訓」、歷代高僧傳、法師心得小品、、、等。才能使我們對於佛法的觀念、認知有廣泛的充分瞭解。

【拜懺】時時檢討、懺悔自我的不好習性、和業障，才能隨時提醒自己不斷的精進。

所以，在拜懺的法會跪拜儀式中，來反省、檢討自我的惡習和罪業，才是拜懺最重要的目的吧！其實佛教中的「拜懺」和基督教中的「禱告、告解」是完全一樣的道理。

二、第二階段「對外來做（外行的功夫）」

【外行】就是要多作義工、和多做佈施的功夫了！

在「六度婆羅密」中佛陀已經很清楚明白的告訴我們，修行的六個階段，就是「佈施、持戒、忍辱、精進、禪定、智慧」，所以清楚的，第一個功夫就是「佈施」，這並不是要你來「捐錢」！而是要你發心來為眾生付出、服務，有錢你就出錢、有力你就出力！

有許多學生問我說：「修行是不是**就**是要打座、禪定、練氣功呢？」這真是很大的錯誤觀念！想要改運、修行的兩大入門功課，

一是「內修」：從看論、傳記，讀經做起，建立正確的佛法概念！

二是「外行」：從佈施做起，慢慢培養慈悲為眾生服務的善良心！

哪裡是禪坐、練啥氣功呢？若是以上這兩種功課沒做好，你根本就坐不下去，一上坐保證雜思紛飛、外魔亂舞，很容易走火入魔的，哪裡還能夠「定」呢？

若是再談到「改運」，以上兩種功課沒做，別想改什麼運了？一點正知和慈悲心都沒有，為何菩薩要來幫你呢？眾人都只想著看看天下有沒有「白吃的午餐」，三枝香、一疊金紙，就要來求盡財寶、富貴和健康，那這世界早就沒有悲苦、可憐的人了！

要改運，是絕對可能的！但是要有心、也要有正確的方法！以上兩個功課就是入門的最基本方法，有人會說，很難！做不到！那我也只能說，阿彌陀佛！「佛度有緣人、

自求多福了」、「業自受、福自享」，誰也擔不了你的業報和福份的！

三、第三階段「法門、持咒的修持」

法門的修持經由「讀經、拜懺」建立了對佛法的基本認識瞭解後，其實就要進入「心法的修持」，才能更進一步的，來徹底改變我們的累世習性和業障！

在法門的修持中，最基本的就是「持咒」和「禪定」了！而一般佛弟子最熟悉的法門，莫過於「觀音法門」了！

「觀音法門」中又包含了「六字大明咒」、「大悲咒」、和準提觀音菩薩的「準提咒」。

所以，這幾年來接觸了許多師兄姊，發現他們都好可惜，雖然有人已經皈依佛門，念經、拜懺了好幾年了，卻始終沒能給自己帶來更好的改善，就是因爲沒有好的機緣，能更進一步來修持心法，所以終究無法直接來改善自己的惡業和障礙、煩惱！

雖然在念經中也是能帶來入定、消業，改變磁場的功效，但是還是屬於間接性的，仍然不及修持心法、持咒來的直接有效！

四、第四階段「了悟空性」、體會「人生真義」！

了悟空性！其實這每一階段的學習、修持，都需要很用心的精進和時間的！尤其是要進到能了悟空性的境界，甚至是要經過累世的修持，才能體悟到「金剛經」裡所說的：

「一切有爲法，如夢幻泡影，如霧亦如電，應作如是觀！」

所要讓我們瞭解的那種的層次境界！所以想要學習修的路是很長遠的呢？但是想要求的澈底根本的解脫，這卻是一個最好的「不二法門」呢！

【問三】許多師父和佛經書中，

都有提到學佛要「一門深入」！

到底要如何才是深入呢？

「一門深入」有廣義的解釋，就是「佛門」這一門！甚至就是「勸人爲善、諸惡莫作、諸善奉行！」的法門。都是可以讓我們來堅持不退的好法門！

當然這一門是不會只有專指「佛教」這一派而已！所以學佛之人絕對要注意不要有任何的「法執心」，認爲只有現在正跟著師父在念經、學習的法門，才是獨一無二的！

尤其是在每個人的學習過程中，更是要不斷的去充實、瞭解各種不同的學派理論，才能知曉最適合自己的機緣在哪裡！絕不可能一輩子就是跟著一個老師在學習，那會很容易犯上「我執心」，眼界、心胸都會變的很狹隘的！

因爲在佛界中有許多師父的宗派、教門是不同的，甚至師父爲了要拉住護持禪寺、師父的信眾，而有意、無意的曲解了「一門深入」的意思，雖說是讓弟子不要心思不定，不要隨意亂求法，但卻也泯沒了很多佛弟子的正確求知心！

因此，若是此弟子機緣在此，當然是要鼓勵他好好「一門深入」的學習，自然就能一法通、萬法通了！可是若不是弟子的機緣在此，更是要鼓勵他到外界再去廣修其它法門，而不是以一些「似是而非」的觀念，來欺瞞、曲解真正的學習修行精神！

『眾生無邊誓願度！煩惱無盡誓願斷！

法門無量誓願學！佛道無上誓願成！』

爲何要發願『法門無量誓願學、、、』呢？以我個人的心得來建議，還是要多看、多學，不要爲了一些宗派上、或傳法師父的法執心，而誤了自己的學習境界。

佛法有八萬四仟門，當有一種法門，只要是適合你的學習機緣，那祂就是你的「最佳不二法門」了！

【問四】佛法中有教佛弟子，卜求吉凶禍福的法門嗎？有教求財、求官、求事業、求健康的法門嗎？

佛法有八萬四仟門、佛經有三藏十二部！概略也可以分爲「出世間法」和「入世間法」兩大類的法門！

所謂「入世間法」，就是在這人世間中，來幫助我們解決眼下當前問題的方法，最直接的就是「入人世間的人道善巧三法」

一爲，「地藏王菩薩」所說的「地藏法門」裡的「占察善惡業報經」。就是專爲來占察「三世因果」，求卜吉凶禍福、業報輕重的占卜輪相法。

二爲，「東方琉璃藥師佛經」所傳的十二願法門，和「藥師咒」。就是專爲解除病厄、求健康、延壽命的法門。

三爲，「準提觀音菩薩」所傳的「準提咒心法」。就是專爲世人求官、求財、求福報、求子、延壽、求健康等的修持法門。

因爲中國佛教的傳法自從唐宋以後，較偏重於傳述「出世間法」的顯教淨土宗和禪宗的法門，有如淨土宗所強調的「一心念佛」，自能脫離此世間的苦樂煩惱、病痛，而於往生後到達「西方極樂世界」，對於佛弟子修持而言，的確是非常好的簡便法門。

或是有如禪宗「金剛經」、「心經」中，所闡釋的「空性」，和「放下一切、出此世間」的不執觀法門。

所以對於以上的三種法門就漸漸不被重視和弘揚，尤其因爲法門宗派之間我執心的互相排斥，以致於以上三法，除了「藥師咒」在民間稍有所聞外，其餘兩大法門，根本就很少有法師願意來修持、傳法、開示和弘揚，當然其他的佛門弟子更是無此機緣，來瞭解修持了！這當然是對於此世間人道中的眾生，一個很大的損失！

【問五】可以將「準提觀音菩薩」所傳的「準提咒心法」稍加說明介紹的更詳細嗎？

「準提菩薩」的「準提咒心法」，一般典籍很少介紹，但是卻在一個相當有名的公案典故，就是「袁了凡」的「了凡四訓」中，在說明一個根本徹底改造命運的修持方法時，雲谷禪師特別傳給袁了凡所修持的一個很特別的法門，而提到了「準提咒心法」的修持！

（節錄）

、、、孔先生算你的命，不能夠得科第，不會有兒

子。雖然是命裏頭註定的，但這是天替你註定的，是可以來改變的！你只要把你本來有的道德的天性，漸漸的把他放大起來，充滿起來。

盡你的力量，多做善事，多積陰德，這就是自己所造的福。自己進了福，自然會有許多很大的好報應，旁人不能來奪你的。那裏有自己不能夠受這種好報應，享這種大福的道理呢？、、

雲谷禪師聽了我立誓要做三千條善事，就把一種功過格給我看。要我照了功過格所定的方法去做，把我所做的事，不論善的惡的，每日記在功過格裡頭。做了善事就記明白在功字一格下面。做了惡事，就記明白在過字一格下面。不過做了惡事，還要看惡事的大小，把已經記了的功來減去除去。

並且還叫我念『準提咒』！更加上一重佛的力量，希望我所求的事，可以一定有效驗！

這是在「了凡四訓」中提到對「準提菩薩」「準提咒」的一段話，顯示了準提咒對於許願求官、求子、求財、求感情的莫大神通力！

「準提菩薩」是「觀音菩薩」在六道中，專爲了渡化「人道」中的眾生，而顯化出另一能滿足世人俗世間願望的大菩薩，其中祂專屬的「**準提鏡**」更是爲了要與眾生能儘速相

感應，特別專有的修行法器，是其他菩薩的法門中所沒有的特色！

【問六】可以將「地藏王菩薩」所說的「占察善惡業報經」稍加說明介紹的更詳細嗎？

（簡錄「占察善惡業報經」部分內容一下說明）

【緣起】

爾時，釋尊在靈鷲山以神通力展現莊嚴道場，演說甚深根聚法門時。有一位「堅淨信菩薩」起而請示佛，說：在末法時期，眾生會產生許多凶衰苦惱、災害頻起的現象，而致使信奉佛法、修行禪定、奉行菩薩道的人極少。是否有方便善巧的法門，能來指示、感化、開導眾生，使眾生不再心生疑惑和矛盾，而斷除各種障礙，增長清淨的信心、、、！

【占察善惡業報經之占察木輪相法】

於是，佛很慈悲地指示『地藏王菩薩』來演說，能用來「占察三世因果、吉凶善惡善巧方便之法」，名之為『占察善惡業報經之占察木輪相法』。雖然，佛曾告誡諸弟子不能卜卦算命，但是卻以此不同於一般卜卦算命之法的「占察木輪相法」，來順應、憐憫眾生，為眾生開啓此一善巧方便法門。

此占察卜法靈驗無比，能查出三世因果、善惡業報之深重，及求卜生活中各種煩惱、困惑和未來的運勢吉凶發展，但是必須占卜之人，心極誠敬！能虔誠的祈求禮敬『地藏王菩薩』，才能順利相應的求出卦象來！

【木輪相法】共有三種木輪相

第一輪相（有十顆木輪）

占察三世累世中，所犯下的：身、口、意。此十業報的善惡，再以此來推算今世會有何果報。

第二輪相（有三顆木輪）

占察三世累世中，所犯下的：身、口、意。此十業報的善惡、輕重、遠近，可以以此輪相，有無來檢視自己的修持有無進步或退步。出家眾，甚至可以以此輪相，若得三業皆清淨相，而直接由『地藏王菩薩』來授戒，得戒體。

第三輪相（有六顆木輪）

業報經中共有一八九個卦象：以此輪相直接來求卜，運勢、事業、財運、健康，或是前世由何而來，等吉凶禍福。再由所求出的一八九個卦象中的其中之一卦象，來批解所求事項的吉凶。

所以這也是世尊廣大慈悲的顯現，因爲祂知道眾生在修持、信佛中，仍然會有許多俗世間的困惑和問題的產生，爲了直接有效的來幫助眾生消弭內心的疑惑和困難，才會指示「地藏王菩薩」來教導眾生這一個專門殊勝的「占卜法門」，使眾生在木輪卦象的開導下，給自己一個很明確的遵循方向，內心不再惶恐迷惑！

占察木輪最特殊的地方，就是在於能夠來占察瞭解，每一個人「三世因果」的累世業障因果，這是一般占卜法門和易經卜卦中，所沒有的殊勝善法。

當然「占察善惡業報經」裡的「占察木輪相法」也是因爲諸多因緣的不足以致並未很普及的弘揚在民間，這也是我們佛門弟子一個很大的損失。

基於筆者個人一個很淺薄的心願，就是能夠將如此好的善巧法門「占察木輪相法」，與易經卦理來相結合，並且將祂給弘揚推廣出來，所以這一年來也不斷的在佛寺，以「木輪相法」在爲眾信徒、師兄姐服務，向「地藏王菩薩」請示來解答我們心中的疑惑和困難，一年多來也應驗了圓滿了不少事情，另外也積極的將「木輪相法」的研讀心得和占察經驗，趕緊集結整理印行出版，向藉由本人一點小小的作爲，能拋磚引玉，使這麼一個善巧法門能弘揚出來，給云云迷惘的眾生多一個引導迷途的明燈！

【學易經和學佛法的心得】

近十年來的感受心得中，對於易經八字始終將他當成是一種能幫助人的善巧法門之一，因爲透過易經八字的學習瞭解，讓自己的心靈能更充分的與佛菩薩溝通，在佛菩薩的指引下，讓自己的智慧更加成長，許多不好的習性和行爲也改進了不少，或許這就是高僧禪師們常說的，在生活中活出自己、活的自在、活的有智慧，所謂的修持吧！

因此透過易經的教學和書籍的傳承，希望能夠來幫助更多眾生解脫他們的痛苦，也就是本人的最大快樂和心願了！

【「占察善業報經」占察木輪相法的大願力】

* 占察瞭解每一個人的前世為何？有何惡？而所帶來今世的障礙和壞運！
* 出家眾自我檢查，反省懺悔是否清淨？俗世業報是否了結？
* 直接請示地藏王菩薩，針對每個人眼前當下的困難、疑惑，給予保佑和指示！

黃老師有在佛寺和佛堂以「占察善業報經」的「占察木輪相法」來為信徒占察三世因果，和今世未來的吉凶禍福，歡迎有興趣的師父、居士、信徒，能來禪寺一起禮佛共參，分享彼此的心得！

易學佛堂的所有出版書籍，都歡迎各界大眾免費來索取傳承，若有對老師的肯定和支持，也歡迎能夠隨緣捐助或助印，所有捐助款將用於社會救濟和宏法經費，謝謝大家的支持，感恩、阿彌陀佛！

歡迎來講堂共參、共修

四明老師發心為你服務

木輪占察、八字看因果、

易卦解迷惑、佛法了生死

易學佛堂　台中講堂

住址：台中市河南路4段48-1號

電話：04-22518283

傳真：04-22518285

老師行動：0936-.299295

【請事先**電話**預約聯絡**時間**】

章節	標題	摘要內容	時間
01	易經初階入門序論	何謂易經、解決問題的善巧法門、教化的方法、教學心得、本DVD的大概內容、入門導讀、首重觀念不能死記	18分
02	易經的基本精神和意義	易經的流傳、甲骨文、天人溝通的語法、幫人解決問題、建立尊重鬼神的觀念、教化重於吉凶	28分
03	易經的學習課程階段	應先瞭解階段性的課程內容、初階、中階、中高階、高階、易經的學術傳承淺說、儒派、道派	31分
04	易經的基本架構和語法	天人溝通的語法、最簡單的符號、八卦、如何記憶、64卦、如何分類卜求、百象八卦代表各種事物的說明、如何追問求卜	40分
05	易經卜卦的方法	敬重仙佛、菩薩、皈依祝禱、各種卜卦方法簡介、以米卦入門、卜卦的程序、儀式、同卦不同意義、如何追問求卜	27分
06	米卦的定義	如何以米卦來排組卦象	15分
07	卜卦實例和如何解卦	卜卦的程序、儀式實例講解，解卦的基本概念	28分
08	64卦基本卦意說明	八個單卦和64卦基本卦意說明。（註：因時間有限，此章節大部分被刪減掉）	5分
09	卦象實例講解	事業、感情、財運、身體……等卦象實例講解	25分
10	占察善惡業報經簡介	研習易經必讀的另一部佛門占卜專書、木輪相法	18分

★ 本教學DVD光碟片歡迎讀者，免費來函附回郵50元或硬幣現金50元索取。

★ 或剪下書後讀者回函，附回郵50元或硬幣現金50元來函免費索取。

★ 請寄：易學佛堂收　台中市河南路4段48-1號

電話：04-22518283　傳真：04-22518285

心・得・筆・記

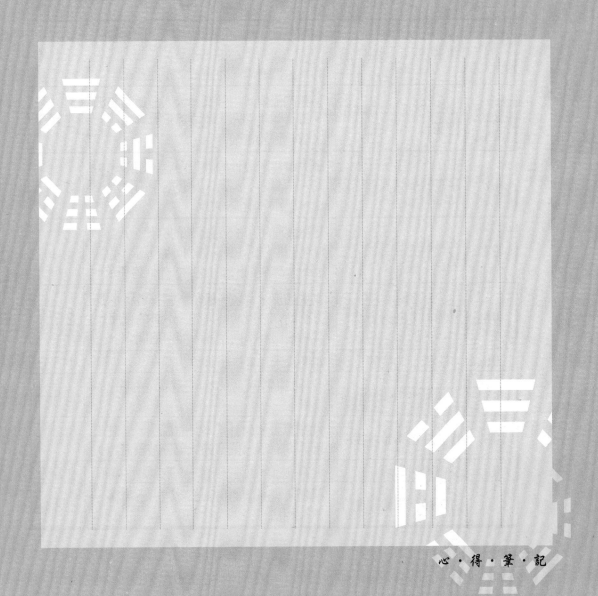

十二地支和二十八宿配置圖

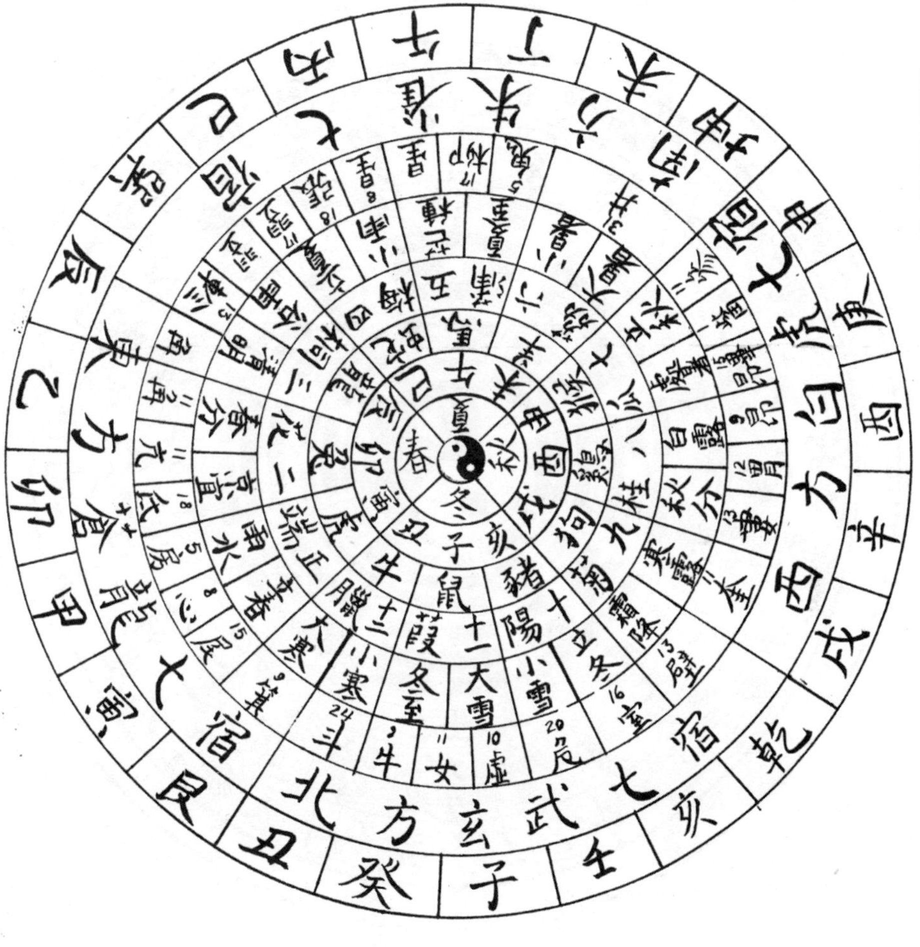

八卦百象圖

太極・河圖・先八卦・洛書・後八卦・十二地支・廿四節氣圖

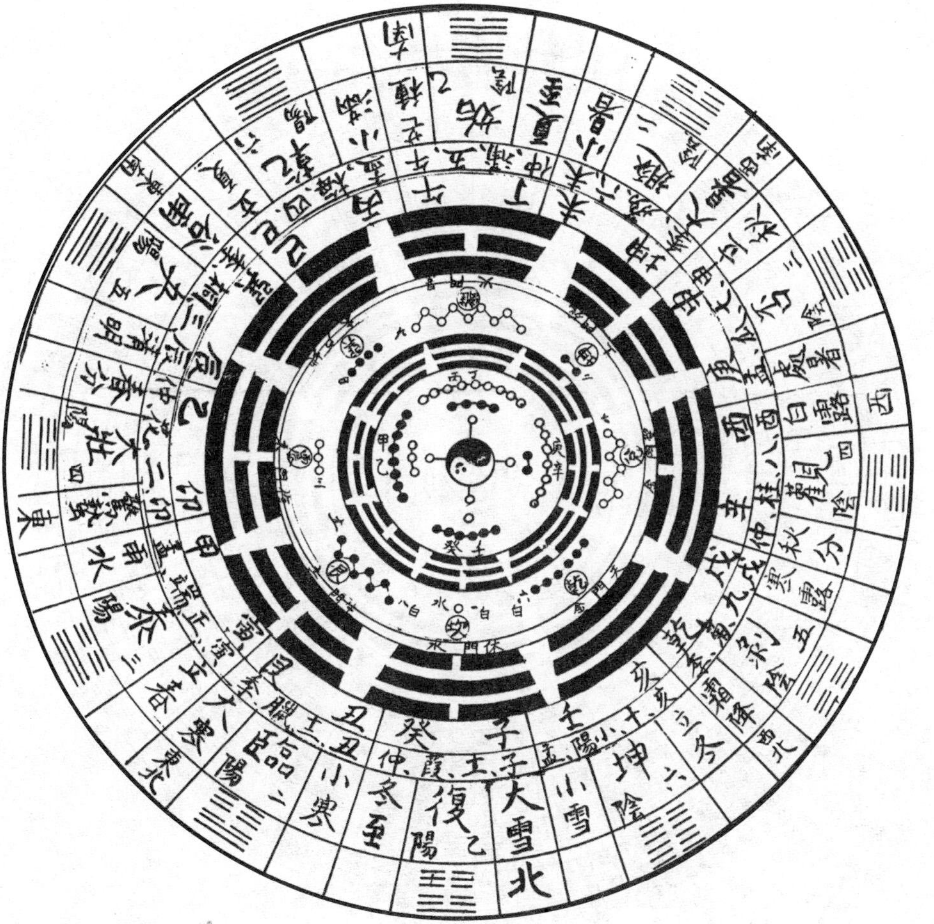

河圖・洛書・後八卦・廿四山・月建・節氣・先天六十四卦・後天六十四卦・世應合一圖

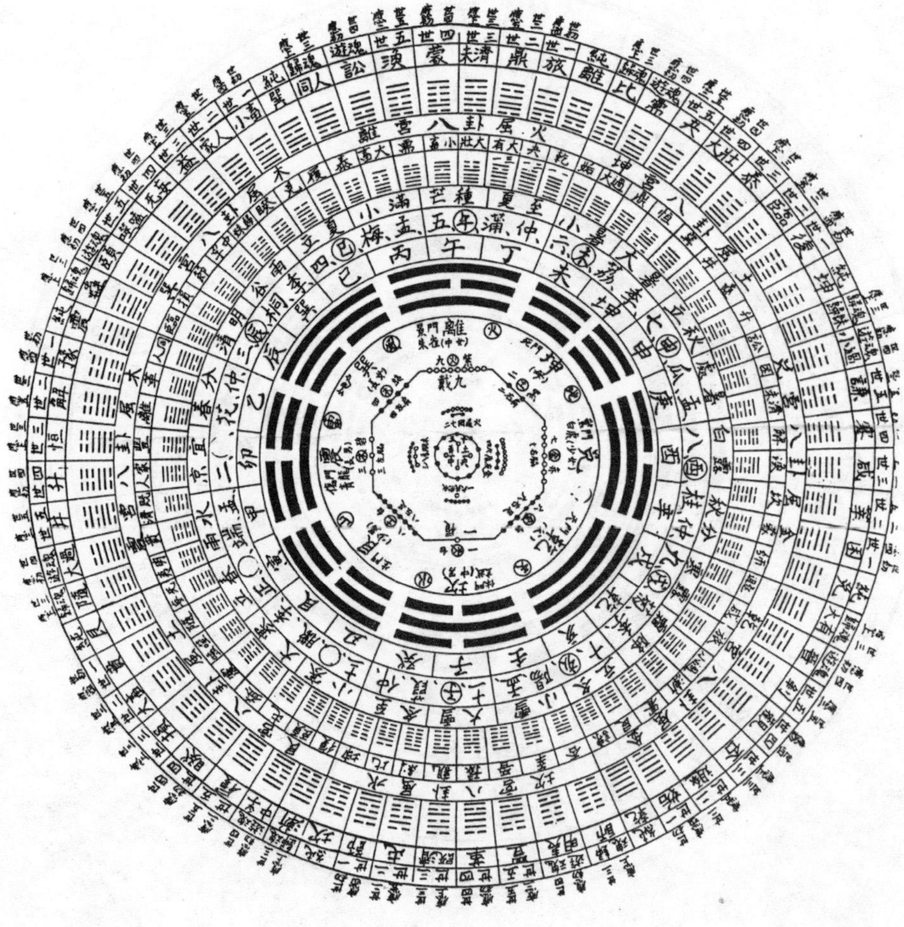

易學佛堂　擴大招生中

歡迎有志於弘揚易經八字、占察木輪相法，助人為樂的人來共襄參與

在多年的教授易經、八字的上課中，學生總是常問著我一些個問題：

「八字算命到底是什麼？到底準不準呢、、、？？？」

「易經卜卦又是什麼？是不是算命呢？到底還是準不準、、、？？？」

探知未來、瞭解自己、預測吉凶、、、，似乎永遠都是人類的最大興趣，甚至是生活的意義和動力，可是對於中國文化五千年來，如此深入民間人心的易經八字命理學，絕大多數的人都是朦朧無知的，在周遭生活中它隨時都存在著，時時被談論著，但是又有多少人真正知道「易經」的精神在哪裡？又該如何來運用「易經」中的卦象、卦意，來爲自己引導出一條最正確的路來呢？很令人惋惜呢！

「八字」的下場其實也比「易經」好不到哪裡去！或許甚至在滿街都是的命相館，裡面正在滔滔不絕爲你解批未來生死、吉凶的大師們，可能連「八字」的精神是什麼？也都會說的不清不楚吧？二、三十年來這種感觸一直在心裡低低唉沈著！

這幾年好羨慕、好嫉妒「星座學」呢！那麼多書、那麼多節目、那麼多青年學生，不斷地在討論著、學習著，連我這種食古不化的老人家，都趕緊買了好幾本回來研究一番！結果，二、三十年來對易經八字，那種失落的感觸又更加加深了！

但是爲什麼懂得人這麼少？難道真的如此難學嗎？還是那麼多學會易經八字的老師，都那麼的自私，不願將自己的心得教授出來嗎？、、難道身爲中國文化背景下的人，連命理學都竟是只會學著西方傳來的「星座學」嗎？

看著自己內心二、三十年來對易經八字，那種失落的感觸，我想實在不能再讓這種感觸再沈吟下去了！所以對自己下了一個決心，一定要將「易經」和「八字」的學問文化精神弘揚出來，期待有一天也能夠在各個校園中、電視節目中、青年學子中，大家熱烈興趣地在討論著易經、八字。

有了這一個理想和願景，當然就要有實際的計畫和作法，開課、上課、開課、上課、、、從北到南、在社團、在社區、在佛堂，我不斷教授著學生，設立網站、著作出書，我不斷告訴著，什麼才是正確的易經和八字、、！

多年來上課不收學費、卜卦、批八字、取名、看風水，我個人均不收紅包，爲什麼？因爲這是我的心願、我的理想！如果易經、八字和占察木輪能更加廣泛的弘揚開來，能被更多人學會和瞭解，自然就會有更多的人受惠，而來得到幫助，或許這世上就會少幾個可憐、不幸的人吧！所以這是我的理想和願景！

所以想學八字嗎？想學易經嗎？請盡量不要客氣來佛堂找老師吧！

而我要收的學費就是：「學會後！要免費當三年的義工，用易經、八字來幫諸位家人、朋友和不認識的人、、、！」這就是「易學佛堂」的精神和宗旨。

心·得·筆·記

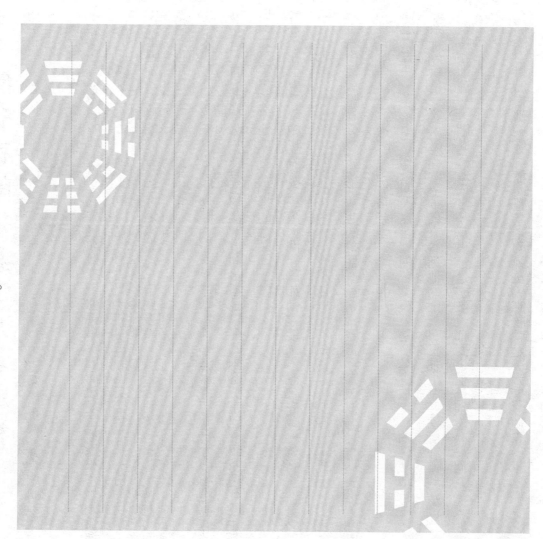

【附錄】雲谷禪師授袁了凡功過格

易學佛堂 黃四明 居士新編

袁了凡在雲谷禪師的教誨下，立誓發願做三千件善事，因而改變了他原來不好的命運，除了教導袁了凡改運的方法，持修「準提咒」的法門，其中禪師也交給袁了凡一份「功過格」，要他好好地遵照功過格的內容，好好地來做這三千件善事，若是因利欲、瞋心、懈怠，而一時做了惡事，也可以趕緊做下好事來相抵。

而就我個人這十幾年來的修持心得，和教學經驗，發現這份「功過格」的精神意義非常地好，可以讓人的行爲有個明確遵循的參考方向，但是以前的內容似乎已經不符現代的生活環境了，也因此有了想要將他重新改編過的念頭。

另外，在上課教學中也有許多學生，問起該如何才能來「學佛」或「修持」，許多師父、師兄大德也都說的很籠統，有的說：「一心念佛！」、有的說：「只要一心行善、存善念」、有的說：「生活就是在修行了！」、也有的說：「每天念經、要常佈施！」、「也有鼓勵要信眾常放生的！」、、

像這樣方法一多，也實在是叫人迷迷糊糊、莫衷一是？其實在世尊的佛法傳承中，有非常完整的系統，只是一般人難以一下子就來看到他的全貌，又加上某些法師在某些法門修持傳承上的「堅持和執著」，因此就造成了，莫衷一是、誰說都對，但是卻沒有一個系統入門完整的介紹。

在佛法中對於學佛、修持最完整基本的說法，應該就是「六度波羅密」了！

「佈施、持戒、忍辱、精進、禪定、智慧」這六個階段和方法！

微笑菩薩（北齊）

所以有些宗派一入門就教學員來「打座」、「修禪定」，這是很不對的，這論起來應該已經是第五個階段才可以來學的法門了，是不能對剛一入門的學員就來教授的！

就有如「地藏王菩薩」的「占察善惡業經」中說的很清楚，「身、口、意」這三種業障如果懺悔的還沒有清淨，是不能來修「定、慧」的法門和功課，因爲業障太深、邪思、邪見過重，如果此時就來修持禪定、打座，是會很危險的，很容易就走火入魔的。

但是說這「六度波羅密」的修持方法，好像還是很籠統、範圍太大了，是否有實際的作法和目標呢？老師或許試著可以用另一種方式來說明，將入門的修持方法說的比較簡單通俗一點，就是：「內修和外行！」

「內修」：就是屬於自己內在心性的精進修持！

像讀佛經、持咒，看高僧大德的著作、傳記、參加共修法會、拜懺、自我反省、檢討、等，是屬於自我內在該做的功課。

「外行」：就是屬於從事外在利益眾生的菩薩行！

像參加公益活動、當義工、爲社區服務、爲朋友服務、爲寺院服務、佈施、、等，是屬於服務眾生、利益眾生的行爲，就有如佛菩薩所說的，行菩薩道。

因此在自我的修持改善成長的理念裡，「福慧雙修」就是一項非常重要的的觀念了！

「內修」就是在增長自己內在的智慧，「外行」就是在累積福報、利益眾生，這也說明了，爲何有些老菩薩只是在佛堂、寺廟裡吃齋唸佛了一輩子，只重視內修的功課。或是有些師兄大德發心行善了二、三十年，但是又忽略了自我內在的精進修持，這兩者的作法都是有所缺失的！

也因此還是沒有很明顯改善他們的業因、壞運，或是修正不好個人品行、德行的最大原因，因為福慧沒有兼顧，而偏執了修行的心和修行的方法。而這其中有一些法師不斷的來推崇「淨土法門、一心念佛！」，不管來的信眾是資質愚鈍、還是聰敏過人，一律就是「念佛、念佛」的鼓吹！

我個人絕對支持、認同「淨土法門」的好處，但是不能說得太偏執了，否則佛法為何要有八萬四千門呢？就是要能為眾生廣開方便之門，因材施教的嘛！

而且看過歷代高僧大德，甚至近代的「印順大師」、「聖嚴大師」、「星雲大師」等大師，那一位不是博學多聞、學識淵鴻、視野開闊，在在都是展現出令我佛門子弟，引以為傲的向學好榜樣，哪裡是一昧只告訴信眾，說懂那麼多法門幹什麼？而只來灌輸「一門深入、一心念佛！」的錯誤觀念，的確是令人感到遺憾！

所以在世尊所說的「六度波羅密」中的「佈施：財施、法施、無畏施」方法中，老師也將它簡單的用以「內修、外行」的觀念再來加以說明。

「財施和法施」，是屬於「外在」的「外行的表現」；

「無畏施」，則是屬於「內在」的「內修的智慧」。

「**財施**」：所謂「出錢」，當然就是捐助金錢、財物，來幫助別人、利益貧困眾生、護持寺院、供養僧寶，或是助印佛經弘揚散佈佛法等善知識。

「**法施**」：所謂「出力」，應是將自己的力量、時間、精神來付出，幫助佛法的弘揚、照顧眾生、協助寺院的管理，都是屬於當義工「外行」的層次。

微笑菩薩（北齊）

「無畏施」：這種功德可就非常的大了！「無畏」的字面解釋，就是眾生因爲你的護持、幫助，而不會再感到恐懼、害怕、無所畏懼，而信心增強了。

但是想要讓別人能夠來相信、能來依靠，那自己豈不是，要有很大的智慧或是能力，和內在的修持，才能去傳佈善知識，使人信服因而信心堅定，而不再恐懼害怕。因此只有在深入精進的學習和修持後，才能夠來佈化此種「無畏施」的功德。

在金剛經中世尊也特別提到，若有人能將經中任何一句「四句偈」，在領悟之後傳揚出去，此種功德是勝過全世界所有的金銀財寶，所以老師也是特別希望能來傳揚這種「無畏施」的精神意義，而不是僅侷限於，信仰宗教就是要信眾不斷捐錢、捐錢，所謂財施的狹隘觀念。

所以透過教學、上課，來傳承正確的佛法觀念，才是身爲一個佛門子弟，或是有心想要學佛、修佛的信眾、學生，都應該要有的願心，更是要以「無畏施」這種「內修的智慧」和「外行的表現」來自我期許，建立起一個正確的學佛、修持的實修觀念。

雲谷禪師授袁了凡功過格

佈施修持功過格

功德	無畏施（修智慧）	法施（做功德）	財施（積福報）
得100功	1,教授佛學課程1年以上。 2,在原道場中，傳揚宣說佛門新法門。 3,著作佛學心得書籍2種版本以上。 4,救助一人，免於一死。	1,協助開辦佛學課程2年以上。 2,推動有利於眾生的政策和法令。 3,協助著作佛學心得書籍5種版本以上。 4,以善知識和方法幫助人來延續子嗣。	1,贊助或提供教學場地3年以上。或創建寺院1所。 2,捐助、護持寺院，或其他公益單位1000萬元以上。 3,贊助印製佛學心得書籍10種版本，每版本1000本以上。
得50功	1,為人申冤，免於牢獄之災。 2,仗義聲言向上建議政府，使百姓得利益。 3,勸誡引導眾生，勿染上毒品、賭博等惡習。	1,協助一人找得工作，免於流離無助、家庭貧苦。 2,勸人應重節育，勿隨便墮胎。 3,使婦女一人能重貞潔、照顧家庭，勿過度放縱私慾。	1,收養一無助孤兒或老1人 2,收葬無主骸骨，安奉供養。 3,捐助、護持寺院，或其他公益單位200萬元以上。
得30功	1,努力修持成就一人德業。 2,參加法會、拜懺3年以上。 3,著作佛學心得書籍1種版本以上。 4,修持佛門法門，精進不退，持咒10萬聲以上。	1,引渡一人來皈依、或受戒。 2,幫助一人改行、換工作。 3,協助著作佛學心得書籍3種版本以上。 4,每日念佛誦經不退，一年以上。或協助法會會務一年以上。	1,捐助、護持寺院，或其他公益單位100萬元以上。 2,贊助印製佛學心得書籍5種版本，每版本1000本以上。 3,舉辦義賣公益活動，招募捐款，護持寺院、救助貧困。

微笑菩薩（北齊）

佈施修持功過格

功德	無畏施（修智慧）	法　施（做功德）	財　施（積福報）
得10功	1,發表能感人、助人的心得文章一篇。 2,以方術、醫藥、卦理得以救人一重病者。	1,善待我們的屬下、職員和員工等。 2,向政府機關推薦引用一位有德性的人。	1,有財有勢，但不隨意以此炫耀、欺壓人。 2,捐助、護持寺院，或其他公益單位50萬元以上。
得5功	1,勸人息訟，不再和人爭執利益。 2,以方術、醫藥、卦理得以救人一輕病者。	1,勸人謹守口業，不再傳揚惡事或不實之事者。 2,救助放生瀕臨絕種的保育動物。 3,還人遺物、不義之財不取。	1,贊助祈福消災的法會。 2,捐助、護持寺院，或其他公益單位30萬元以上。
得3功	1,受了不實的批判、毀謗、欺壓，而仍不嗔恚、容忍者。 2,勸屠宰、畜牧等工作者，改行或善待牲畜者。	1,有人犯了過錯，仍能以善導代替責罵者。 2,幫死在路邊的貓、狗、牲畜埋葬者。	1,每年放生三次以上，並宣揚放生的意義者。 2,捐助、護持寺院，或其他公益單位20萬元以上。
得1功	1,誦佛號一千聲，　持咒一千聲。 2,向一人至十人宣說佛法一次。 3,吃肉的人持齋一天。	1,幫助一人、稱讚一人、勸息爭執一件、安慰一人等。 3,勸人佈施財物，或上課共修一次。	1,捐助、護持寺院，或其他公益單位一次者，金額不限。 2,護持僧眾一人、不拒人行乞者。 3, 見殺不食，聞殺不食。

雲谷禪師授袁了凡功過格

佈施修持功過格　　下表列的行為是 惡業、過錯之事

功德	無畏施（修智慧）	法施（做功德）	財施（積福報）
得100過	1,心存偏執，拒絕排斥，有修為之人在寺院中弘法。 2,毀謗佛法、或傳揚不實、偏執的佛法理念。 3,曲解佛經中的義理者。	1,殺人或害人一命。 2,侵犯一婦女的貞潔。 3,假借法門修持欺財騙色者。 4,盜取他人財物者。	1,欺騙錢財，致使對方陷入困苦者。 2,制訂錯誤的政策，或發表不利於眾生的政策者。 3,觸犯法律三年以上徒刑者。
得50過	1,散播邪見，教人不忠、不孝、不慈的思想。 2,為私慾，陷害他人，而造成牢獄之災者。 3,不孝忤逆辱罵父母、尊長者。	1,破壞別人的感情，又將對方遺棄者。 2,與有家室的人發生男女情色關係。 3,婦女有墮胎而未妥善安奉者。	1,為私慾，陷害他人，而造成流離失所者。 2,觸犯法律二年以上徒刑者。
得30過	1,毀謗一有修為、德行之人。 2,以不實謠言來詆毀師長者。	1,離間挑撥父母子女親人者。 2,任意凌虐、打罵幼小孩童者。 3,為自己的利益，而來興訟官司。	1,囤積貨物食糧，賺取暴利者。 2,觸犯法律一年以上徒刑者。

微笑菩薩（北魏）

佈施修持功過格		下表列的行為是 惡業、過錯之事	
功德	無畏施（修智慧）	法施（做功德）	財施（積福報）
得10過	1,毀壞經典、書籍者。 2,隨意擅造口業、散播不實謠言。或毀謗他人。	1,引薦無德的人到政府機關做事。 2,排擠、拒絕一有德性的人。	1,隨意殺害、凌虐牲畜。 2,唆使他人來興訟官司。 3,與人約定，隨意毀約。
得5過	1,遇到有病的人，可以救治，卻沒有救治。 2,失意不順，則怨天尤人，怨怪、遷怒親人、師長者。	1,遇到有冤屈的人，可以為他作證平反，卻沒有做。 2,編纂傷風不雅的文章、歌謠，惑亂民心者。	1,為自己私利，擅意破壞他人的墳墓，或阻斷道路。 2,非法私下對人用刑。
得3過	1,對真懇實在的建言而發怒者。 2,誦經修持時，心中卻雜想著惡事。	1,隨意發怒，責罵不該責罵之人。 2,見人有憂愁、難事，卻心生歡喜者。	1,見他人富貴，而心生嗔恨、詛咒者。 2,口出謠言、兩舌，來離間他人感情者。
得1過	1,見人驚懼、害怕而不安慰。 2,隨意做不實的批評。 3,見人犯錯而未勸阻者。	1,向人借的小錢財或器物不還。 2,於職務上做威欺人者。 3,婦女有墮胎而有妥善安奉者。	1,有僧人來化緣，拒絕不施。 2,隨意暴殄、浪費天物。

雲谷禪師授袁了凡功過格

心・得・筆・記

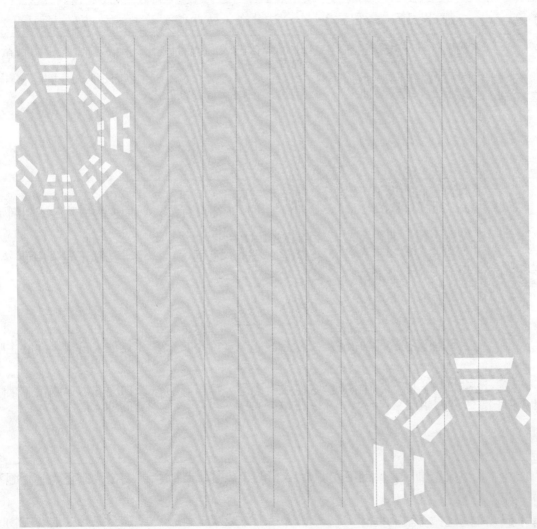

心・得・筆・記

心·得·筆·記

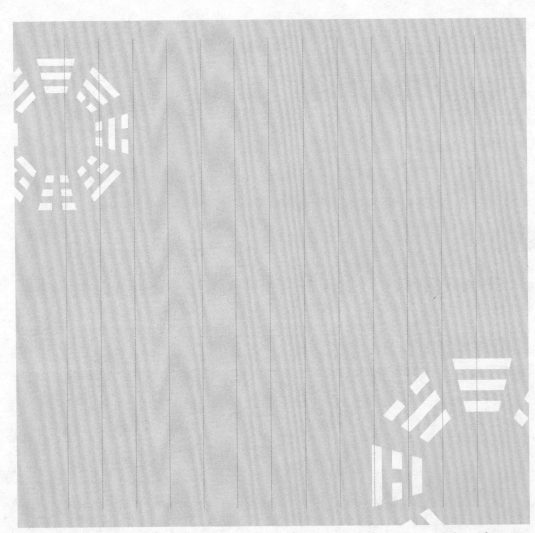

易經初階入門講義　讀者服務回函

感謝您對 易學佛堂 易經初階入門講義 的支持，為了提供您更好的服務，請寄回此封回函，我們竭誠歡迎您成為我們易學佛堂的一員，彼此共同來學習、來成長、來解決人生會面臨的各種問題！

【讀者基本交流資料】

姓名或稱呼：　　年齡：　歲。　性別：□男 □女

大概工作職業：　　E-mail：　　電話：

是否想要定期收到佛堂資訊或郵件：□是□否

宗教信仰：□佛教□道教□基督教□天主教□一貫道□一般民間信仰□其他□無

對易經的興趣：□一般興趣□想要深入了解□計畫創業□想要進階八字命理□其他

【服務需求項目】

□是□否：請寄送「佛門照妖鏡　占察善惡業報經」一本給我。

□是□否：也請寄送DVD教學光碟　　並隨函附上回郵郵資100元。

姓名：　　郵寄住址：

（也歡迎親自來到台中易學佛堂分堂來索取）

若不需贈送「佛門照妖鏡　占察善惡業報經」一書，煩請老師為我批解八字命書一份

姓名或稱呼：　　出生：　年　月　日　時 □農曆□國曆

年齡：　歲。性別：□男 □女。或　E-mail：

寄送住址：

主要批解內容（以上選項只能複選2項）：

□個性概要。□命格概要。□適合工作。□學業發展。□事業發展。□感情發展。□婚姻發展。□家庭運勢。□財運概要。□身體健康。□與子女關係。□與父母關係。□與朋友兄弟關係。□其他

【讀者意見】隨時歡迎您的建言和參與，也可上網E-mail給老師

黃四明老師行動：0936.299295　E-mail：kunde92@seed.net.tw　網站：www.kunde.org.tw

請沿此虛線剪下

請沿此虛線剪下

請將此回函剪下寄回：易學佛堂 黃四明老師收　住址：台中市河南路四段48-1號

國家圖書館出版品預行編目資料

易經入門初階講義／黃四明著.-- 初版. --
臺中縣大甲鎮：易學佛堂，2003〔民92〕
面；　公分

ISBN 957-29241-0-9〈平裝〉

1、易占

292.1　　92020956

易學佛堂

易經入門初階講義

作　　者／黃四明居士
出版單位／易學佛堂
出版日期／2003年10月　初版
　　　　　2004年 4月　二版
封面設計／傅建智
協助校稿／劉華蒨
聯絡處：台中市河南路四段48-1號
電話：04-22518283　傳真：04-22518285
行動電話／0936-299295
網　　站／www.kunde.org.tw
E-mail ／kunde92@seed.net.tw
製版印刷／捷新資訊公司
圖書代理行銷／朝日文化事業有限公司
住址／台北縣中和市橋安街15巷1號7樓
電話／ 02-22497714　　傳真： 02-22498715

ISBN 957-292-410-9

NT$250元